编委会

顾 问
叶家苏　谢家宾

策展人
杨文涛

统 筹
王 晨　徐吟之

执 行
刘 学

编 务
张亦弛　牛广余　荀 慧　马名扬　叶 翎
刘晓芳　陆玉芳　徐之莹　楼焱青

苏沪

寻元化新

中国科学院院士 谢毓元

苏州市公共文化中心（苏州市名人馆）编

苏州新闻出版集团

古吴轩出版社

图书在版编目（CIP）数据

寻元化新：中国科学院院士谢毓元 / 苏州市公共文
化中心（苏州市名人馆）编. -- 苏州：古吴轩出版社，
2024. 12. --（艺浪）. -- ISBN 978-7-5546-2077-9

Ⅰ. K826.15-64

中国国家版本馆CIP数据核字第2025DT5335号

责任编辑：张雨蕊
装帧设计：刘成宇　孙佳婧
责任校对：戴玉婷
责任照排：刘成宇　孙佳婧

书　　　名：寻元化新——中国科学院院士谢毓元
编　　　者：苏州市公共文化中心（苏州市名人馆）
出版发行：苏州新闻出版集团
　　　　　古吴轩出版社
　　　　　地址：苏州市八达街118号苏州新闻大厦30F
　　　　　电话：0512-65233679　　　邮编：215123
出 版 人：王乐飞
印　　刷：苏州恒久印务有限公司
开　　本：787mm×1092mm　1/16
印　　张：10
字　　数：104千字
版　　次：2024年12月第1版
印　　次：2024年12月第1次印刷
书　　号：ISBN 978-7-5546-2077-9
定　　价：188.00元

如有印装质量问题，请与印刷厂联系。60512-65615370

目录

自古地灵在人杰

"吴中山水清淑，代有传人。"沧浪亭五百名贤，皆"有德有言""亦模亦范"。范文正公"先天下之忧而忧，后天下之乐而乐"以及亭林先生"天下兴亡，匹夫有责"的弘毅之声回响千年，与时代强音相融共振。苏州市名人馆中有古之名贤志士，亦有当今科技领域的国之脊梁。他们躬身实践的爱国利民之情怀、开拓进取之精神、经世资治之理想，积淀为苏州深厚的文化底蕴，构筑成"科学家精神"的底色。继"清芬可挹：两院院士顾诵芬""奋楫笃行：'中国导弹驱逐舰之父'潘镜芙院士"专题展后，苏州市名人馆在第三个"苏州科学家日"，推出"寻元化新：中国科学院院士谢毓元"展。

从苏州菉葭巷走出的谢毓晋、谢毓寿、谢毓元三兄弟，自幼耳濡目染父亲谢镜第经世济民之宏愿，聆听科技报国之教诲，以坚定的信念和坚忍的毅力，在各自的科研领域内孜孜求索、不断开拓，为新中国科学事业的发展奠定基石。

本次展览聚焦谢氏三杰中的弟弟——中科院院士谢毓元躬耕科研七十载、硕果累累的人生。展览取名"寻元化新"，即是尝试概括谢院士在药物化学和有机化学领域探寻本源、研制新药、造福社会的科研之路。展览筹备一年多以来，承蒙谢院士在沪苏京三地亲属及工作单位、求学母校全力支持，遍寻资料，汇聚点滴，终至玉成。愿携手承古拓今，为赓续传承中华优秀传统文化，传递"爱国、创新、求实、奉献、协同、育人"的科学家精神，奉上绵薄之力。

苏州市公共文化中心
（苏州市名人馆）

寻元化新

中国科学院院士·谢毓元

2022 7.10 / 8.28

苏州美术馆4、5号厅

主办：苏州市公共文化中心（苏州市名人馆）　中国科学院上海药物研究所

鸣谢：苏州大学材料与化学化工学部　中科院科技服务网络苏州中心
中科院上海药物研究所苏州药物创新研究院　江苏省苏州中学校
苏州图书馆　苏州市档案馆　苏州市大儒实验小学校

展览

谢毓元

谢毓元（1924—2021），江苏苏州人。药物化学与有机化学家，中国科学院上海药物研究所研究员、原所长。一生中多次因国家需要转变科研方向，在天然产物全合成、放射性核素促排药物研究、医用螯合剂的民用开发等多个科研领域皆取得重大成绩。1991年当选为中国科学院（化学部）学部委员（院士）。

求学路维艰

义
方
育
英
才

1921年4月，谢毓元出生于北京西四兵马司胡同里的一个仕宦之家。

生在京城，根在江南。

谢毓元之父谢镜第是江苏吴县人，虽出身寒门，但发奋勤勉、自学成材，后得陆润庠赏识，考入京师大学堂。他与同乡女子徐墨蕾的结合亦由陆润庠做"状元媒"玉成，两人育有四子三女。谢毓元是家中幼子。

谢镜第曾在晚清邮传部、民国交通部任职，官至交通部路政司总务科长、路政司代司长，虽身处官场，但他一身正气、忧国忧民，将打造太平盛世之理想寄托在下一代身上。1928年，谢镜第安排家人南迁回乡，不久，毅然辞官归隐于朝霞巷。

在苏州的山水古迹间，谢镜第为子女讲述先贤"先忧后乐"的故事，教导子女严于律己、宽以持人，自力更生、艰苦奋斗，要求子女学好理工医农，强国民邦，母亲徐墨蕾勤俭持家，待人宽厚，亦为子女垂范。

庭训母教，影响深远。

义方育英才

1924 年 4 月，谢毓元出生于北京西四兵马司胡同里的一个仕宦之家。

生在京城，根在江南。

谢毓元之父谢镜第是江苏吴县人，虽出身寒门，但发奋勤勉、自学成才，后得陆润庠赏识，考入京师大学堂。他与同乡女子徐墨蕾的结合亦由陆润庠做"状元媒"玉成，两人育有四子三女。谢毓元是家中幼子。

谢镜第曾在晚清邮传部、民国交通部任职，官至交通部路政司总务科长、路政司代司长。虽身处官场，但他一身正气、忧国忧民，将打造太平盛世之理想寄托在下一代身上。1928 年，谢镜第安排家人南迁回乡，不久，毅然辞官归隐于菉葭巷。

在苏州的山水古迹间，谢镜第为子女讲述先贤"先忧后乐"的故事，教导子女严于律己、宽以待人、自力更生、艰苦奋斗，要求子女学好理工医农，强国兴邦。母亲徐墨蕾勤俭持家，待人宽厚，亦为子女垂范。

庭训母教，影响深远。

谢镜第（1881—1953），字容初，
号潜庵，谢毓元之父

1919 年，获四等嘉禾章

《大总统令》

《大公报》1919 年 8 月 13 日

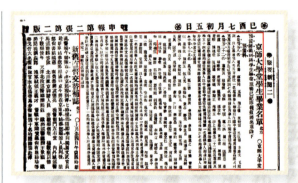

1909 年，毕业于京师大学堂

京师大学堂学生毕业名单

《申报》己酉年（1909）七月初五第 2 张第 2 版

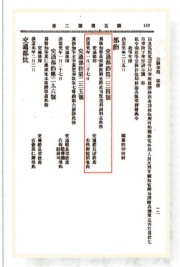

1916 年，充路政司监理科副科长

《交通部饬第二三四号》

《铁路协会会报》1916 年第 5 卷第 2 册

1923 年，获二等文虎章

《大总统令》

《大公报》1923 年 5 月 31 日

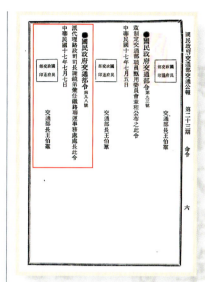

1928 年，兼任铁路联运事务处处长

《交通部令第九八号》

《国民政府交通部交通公报》1928 年第 23 期

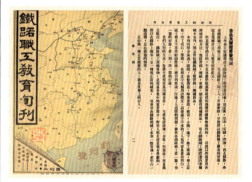

1922 年，任铁路职工教育委员会委员长

《委员长谢镜第发刊词》

《铁路职工教育旬刊》1922 年第 1 期

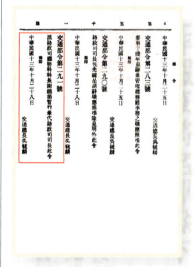

1924 年，暂行兼代路政司长

《交通部令第二九一号》

《胶济铁路管理局公报》1924 年第 51 期

"容安斋"匾额（复制品）

"容安斋"为箓葭巷谢宅谢镜第斋名，出自陶渊明《归去来兮辞》中"倚南窗以寄傲，审容膝之易安"一句。

谢镜第归隐后的墨宝

释文：

花甲重逢又一生，十年前已弃功名。

即今家计儿曹付，赢得闲身百事轻。

道不痴聋不作翁，作翁何必定痴聋。

只须莫问何家事，便是逍遥自在翁。

富贵功名如是云，前尘过眼尽烟云。

心如柳絮沾泥早，居乱何妨不见闻。

我今不作春蚕茧，不理浮名不羡仙。

健步加餐昼高卧，蛰居静待太平年。

此余六十初度述怀诗也，今忽忽已七十有二矣。

幸儿女均粗能自立，二老养赡已无问题，惟太平之望

不知何时始能实现耳。

谢毓元和家人合影

一排左起：父亲谢镜第、母亲徐墨蕾；
二排左起：三姐谢毓英、大姐谢毓繁、三哥谢毓寿、
谢毓元。

谢镜第与徐墨蕾合影

谢氏后人赠予苏州图书馆的部分古籍（苏州图书馆藏）

受父亲影响，谢毓元从小饱览家藏古文经典，从中感悟立身处
世之道。1998年，谢氏后人将家藏古籍207种计2035册捐赠
给苏州图书馆。

孜孜日求益

1929年，谢毓元步入小学校门，曾就读于私立明德女子小学、吴县大儒中心小学等校。1935年，考入江苏省立苏州中学初中部。初中毕业之际，抗战军兴，与家人避居洞庭东山，后辗转上海租界。1938年苏州中学在沪复校之际，他终得以重回母校，继续高中学业。

1940年，谢毓元考入私立东吴大学（沪校）化工系，受教于多位名师，但因次年年底太平洋战争爆发，无奈辍学四年。失学期间，他在兄长指导下，自学英文；在父亲督导下，背诵古文经典。1946年，谢毓元插班考入清华大学化学系二年级，在苏州籍无机化学家张青莲先生引领下入门科研。1949年，以全系第一的成绩毕业，随后留校任化学系助教。

求学之路因纷乱战火而崎岖坎坷。但天道酬勤，年轻的谢毓元自强不息，积累下受用一生的治学基础。

少年谢毓元

私立明德女子小学修业证书　1933 年 7 月

吴县大儒中心小学毕业证书　1935 年 1 月

苏州中学同学录　1935 年
（江苏省苏州中学藏）

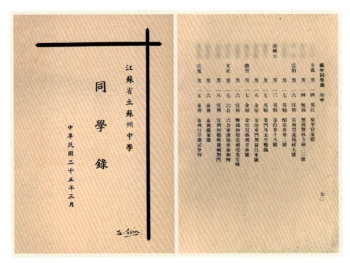

苏州中学同学录　1936 年
（江苏省苏州中学藏）

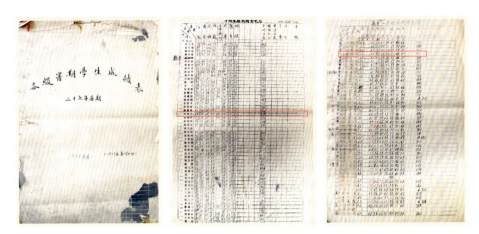

高二第一学期、第二学期成绩表　1938 年
（江苏省苏州中学藏）

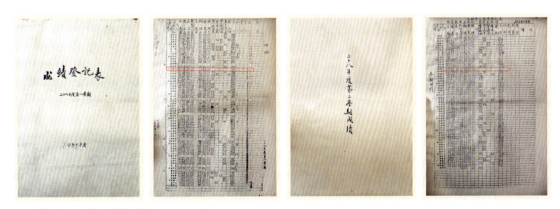

高三第一学期、第二学期成绩表　1939 年
（江苏省苏州中学藏）

苏州中学毕业证书　1947年7月

谢毓元在 1940 年毕业于苏州中学。由于时任校长杭海槎不承认日伪政府颁发的证书，所以毕业生仅领到一张可在未来用于换领毕业证书的凭条。这张证书为抗战胜利后谢毓元领取的正式毕业证书。

高中时期的谢毓元　　　　　在上海长宁公园留影　1938 年

东吴大学学生名单（第一列倒数第二行
为三姐谢毓英） 1941 年
（苏州档案馆藏）

谢毓元就读于东吴大学化工系
一年级时的成绩单

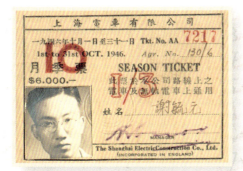

上海电车月季票（在上海复习期间二
哥谢毓晋帮买的月票，以便节省时间）

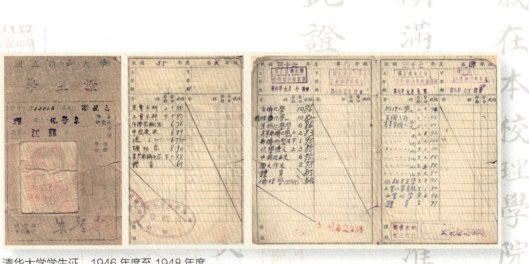

清华大学学生证　1946 年度至 1948 年度

清华大学毕业照　1949 年

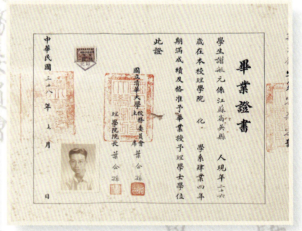

清华大学毕业证　1949 年

谢毓元（前排左五）与同学在化学馆前合影

在北京游湖划船 1947 年

谢毓元（后排右二）与同学在图书馆前合影

谢毓元（后排左二）与同学合影

清华大学化学系师生在化学馆前合影
（前排中为张青莲，三排左四为谢毓元）
1948 年
（中国科学院上海药物研究所提供）

谢毓元（后排左五）任清华助教时与
学生在大礼堂前合影　1950 年

参加中共组织部举办的平津各大学毕业生
暑期学生团　1949 年

负笈行远方

1956 年，谢毓元获得留学苏联深造的资格，被派往苏联科学院天然有机化合物化学研究所，在三年半时间里，师从舍米亚金院士，攻读副博士学位，从事四环素类抗生素的全合成研究。

他并不一味盲从，而是独立思考，经过深入的文献调研，找到更加简便合理的方法完成实验，取得了令人惊喜的成功，被导师称赞"有一双幸福的手"。

研究生生活让谢毓元获得了完整的科研训练，也进一步锻炼出他锲而不舍、刻苦钻研的精神。留学生活既紧张忙碌，又丰富多彩。因在专业和语言上的出色表现，他多次被委以陪同我国有机化学领域学者在苏联考察的任务。1958 年，他在莫斯科光荣转正，成为一名正式的共产党员。

1961 年 5 月，谢毓元学成回国，继续深耕于药物化学领域。

留学苏联前在上海留影
1957 年

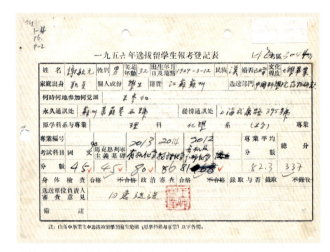

谢毓元参加留学生选拔的报考登记表　1956 年
（中国科学院上海药物研究所提供）

在统一组织的留学生选拔考试中，谢毓元的三门专业课成绩优秀。

谢毓元（三排左三）与北京俄语学院留学预
备部同学在北海公园合影
1957 年 4 月 26 日

谢毓元为留学苏联准备的清华大学学历证明简况及主要课程成绩册

谢毓元在苏联科学院研究生院
宿舍储物间存放物品的收据
1957 年 12 月 6 日

苏联图书馆阅览证

在莫斯科地下铁一车站前　1958 年 2 月

在留苏学生宿舍　1959 年

在莫斯科红场　1958 年

谢毓元（右一）与苏联少先队员合影

谢毓元（左一）陪同我国有机化学家黄鸣龙（左四）
在苏联考察　1960 年

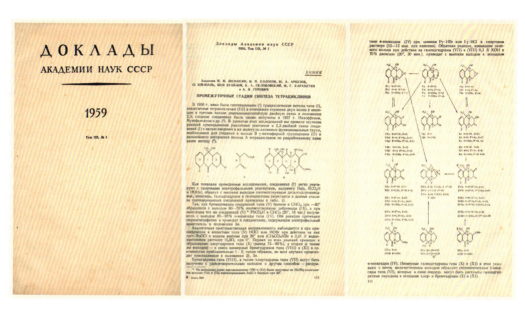

论文《四环素合成的中间阶段》
《苏联科学院报告》1959 年第 128 卷第 1 期

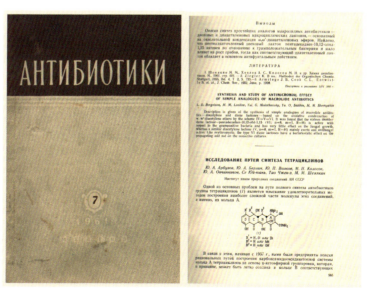

论文《四环素合成研究》
《抗生素》1961 年第 7 期

在苏联留学时期购买的俄文小说

莫斯科地铁纪念册

友人赠送的纪念册

在苏联留学时期购买的明信片

留学期间使用的化学名词词典、铅笔、划线笔

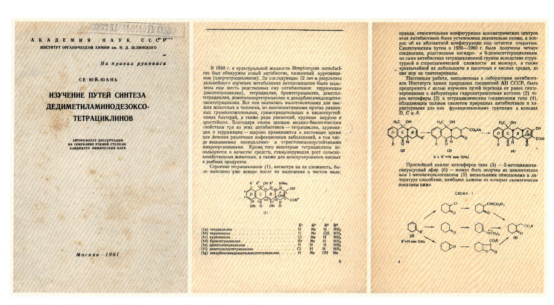

副博士论文《去二甲胺基去氧四环素合成方法研究》提要　1961 年

副博士证书

谢毓元（左四）在论文答辩后与同事、同学合影
1961 年春

国需即我向

积铢累寸功

1951 年 2 月，谢毓元从北京回到江南，自此，在中科院上海药物研究所开启了他七十载的科研生涯。

入职之初，谢毓元在赵承嘏所长的指导下从事中草药化学成分研究和有机物的简单合成。他设计出更简便的方法，完成了常山叶中抗疟疾成分的提取及含量测定工作。作为主力，参与了新中国初期医疗必需药品阿托品和后马托品的国产化、普鲁卡因青霉素原料的国产化合成。

1953 年，在药物所承担的血吸虫病药物研究任务中，谢毓元克服原料、器材不足，实验室通风条件差等困难，成为国内合成二巯基丁二酸（钠）的第一人。经科研人员后续数十年开发，它成为迄今为止世界上口服治疗重金属中毒的理想药物，1991 年获国家科技进步二等奖，同年在美国被用于小儿铅中毒治疗，这是美国首次仿制中国发明的新药。

若干年后，谢毓元转向医用螯合剂研发领域，早年间这段合成重金属解毒药物的经历，即为开篇序章。

上海药物研究所成立 20 周年合影（二排右四谢毓元，
前排左三赵承嘏、右一丁光生、左一高怡生）　1952 年

赵承嘏所长（一排左八）七秩之庆时药物所全体工作人员合影（一排左三谢毓元）
1954 年 11 月 30 日

赵承嘏（1885—1966），中国科学院院士，药物化学家，上海药物研究所首任所长，中国中草药研究的先驱者。

工作照

不锈钢微量刮铲／药勺

用于取用粉末状或小颗粒状固体试
剂的工具，常用于化学实验。

在武康路 395 号实验室做实验
1953 年
（中国科学院上海药物研究所提供）

在赵承嘏所长的指导下，开展常山碱的提取、测定工作，研究成果发表在《中国科学》1951 年第 2 卷第 4 期。

普鲁卡因的国产化工作于 1953 年完成，谢毓元是执行合成任务的主力。（中国科学院上海药物研究所提供）

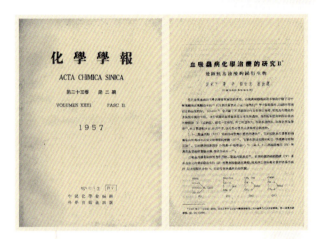

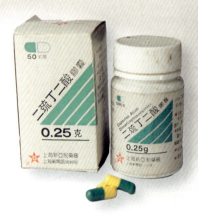

二巯丁二酸胶囊
（中国科学院上海药物研究所提供）

首次以第一作者身份发表研究成果
《化学学报》1957 年第 23 卷第 2 期、第 6 期

手稿：二巯丁二酸中英文介绍　1989 年
（中国科学院上海药物研究所提供）

谢毓元和中国科学院上海药物研究所
因二巯基丁二酸项目获得多个奖项
（中国科学院上海药物研究所提供）

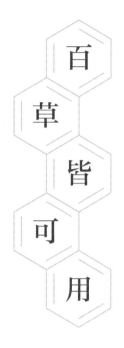

百草皆可用

1961年5月，谢毓元从苏联归国，回到中科院上海药物研究所，担任抗菌素室副主任。作为课题组长，他筹建自己的实验室，带队独立开展当时很有难度的天然产物全合成研究。

虽然当时的分析仪器并不完备，分析手段也非常有限，但是谢毓元利用熟练掌握的英、俄、德、日四门外语，开展扎实的科研文献调研，身体力行"严肃、严格、严谨"的科研作风，创新合成方案，测定复杂的天然产物的化学结构。

他成功地全合成了抗生素灰黄霉素、莲子心中含有的降压生物碱莲心碱、新疆甘草中含有的抗神经毒成分甘草查尔酮……其中，莲心碱是首个由中国人确定化学结构并全合成的生物碱，与"甘草查尔酮的全合成"一起，作为"中草药活性成分的研究——十二种新有效成分的发现"的组成部分，获得1982年国家自然科学二等奖。

中国科学院药物研究所学术委员会委员聘书　1962 年

谢毓元使用过的《常用中草药手册》

参加全国第三次抗菌素学术会议(后排右十谢毓元)　1964 年 9 月

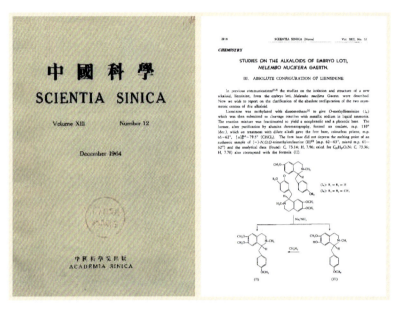

以第一作者身份发表英文论文
《中国科学》1964 年第 12 期

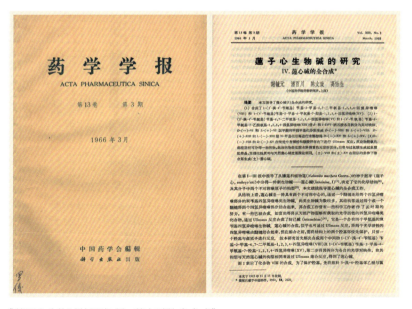

《莲子心生物碱的研究 Ⅳ . 莲心碱的全合成》
《药学学报》1966 年第 13 卷第 3 期

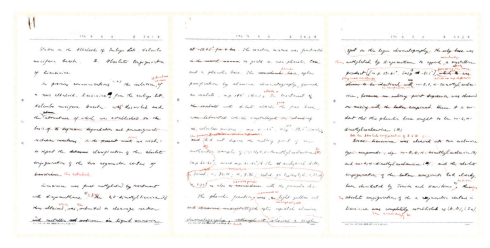

《莲子心生物碱的研究 III. 莲心碱的绝对构型》英文手稿（红色批注为高怡生修改润色）
（中国科学院上海药物研究所提供）

高怡生（1910—1992），中国科学院院士，药物化学家，上海药物所第二任所长。

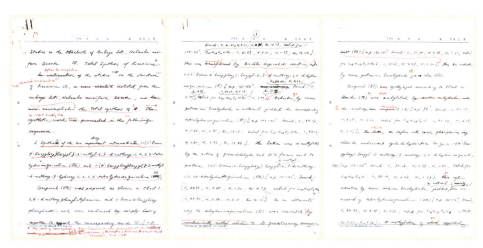

《莲子心生物碱的研究 IV. 莲心碱的全合成》英文手稿（红色批注为高怡生修改润色）
（中国科学院上海药物研究所提供）

与同事在岳阳路实验室

莲心碱和甘草查尔酮及其他 10 项中草药研究
共同获得国家自然科学二等奖 1982 年 7 月
（中国科学院上海药物研究所提供）

矢志为国防

　　1966年起，为了保障我国原子能国防建设项目工作人员的生命安全，谢毓元接受国家召唤，毅然转向设计合成放射性核素促排药物这一世界性的科研难题。

　　放射性核素促排药物是一种螯合剂，它们就像螃蟹的大螯，将人体内的有害金属紧紧钳住，再将它们带出体外。

　　在艰苦的科研条件下，谢毓元从零开始，首创药物"喹胺酸"（又名螯核羧酚），同时解决了钚-239、钍-234、锆-95三种放射性核素的促排。该项研究成果在1977年通过了成果鉴定，1980年获国防科委三等奖。

　　1974年，在放射性元素锶-90促排药物研制中，谢毓元仅用三年时间，从合成的两百多个化合物中，筛选出疗效最佳的促排药物"酰膦钙钠"，突破了当时国外多年研究锶-90促排药物无明显进展的难题，于1983年获卫生部一等奖。

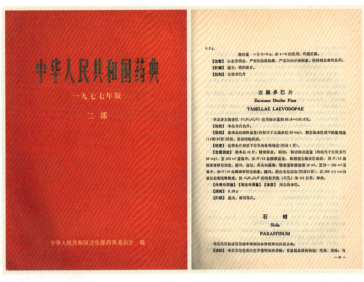

谢毓元研究出从藜豆中提取用于合成螯核羧酚
的原料——左旋多巴的工艺

1974 年，左旋多巴生产工艺通过鉴定，被收载
于 1977 年版《中华人民共和国药典》。

参加在上海举行的螯核羧酚鉴定会
（前排右三谢毓元） 1977 年

参加酰膦钙钠鉴定会（后排左六谢毓元） 1982 年
（中国科学院上海药物研究所提供）

螯核羧酚获国防科委三等奖 1980 年
（中国科学院上海药物研究所提供）

《近年来钚促排药物研究的进展》
《国外医学》放射医学分册　1984 年第 4 期

《钚促排药物的研究进展》
《国外医学》放射医学分册　1990年第5期

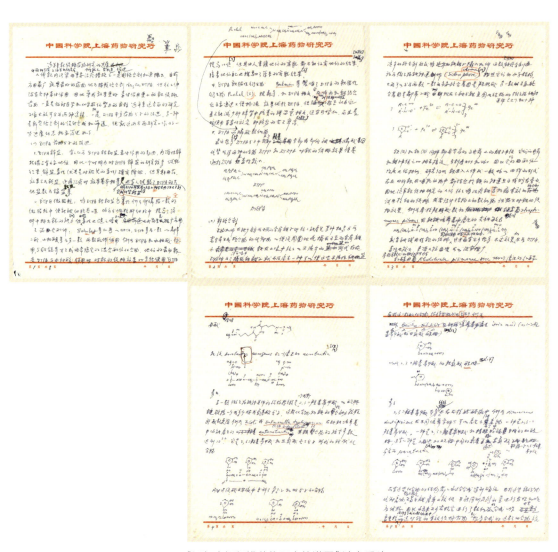

《近年来钚促排药物研究的进展》论文手稿
（中国科学院上海药物研究所提供）

《S186 对放射性锶的促排作用和毒性研究》
《科学通报》1981 年第 14 期

酰膦钙钠获中华人民共和国卫生部甲级科学技术成果奖　1983 年
（中国科学院上海药物研究所提供）

巧化利民生

1980 年起，谢毓元带领课题组寻找治疗金属中毒职业病和促排铀的化合物，最终合成"双酚胺酸"，在该专业领域再次站在了世界前沿。

改革开放的大潮中，科研服务生产。多方位探索螯合剂的应用前景，给更多人带来福祉，是谢毓元新的思考和实践。他将多年的螯合剂研究成果巧妙转化，改进高纯度 HEDP 水处理剂的生产工艺，开展抗骨质疏松药物和抗肿瘤药物的研究，研发高效植物生长激素"表 – 油菜素内酯"（天丰素）的合成工艺并实现规模化生产，惠及工业、医疗、农业等诸多领域。

科研之路上，谢毓元多次转变研究方向，每次新尝试都是新挑战。但国有所需，他"召之即来"，凭借所学"来之能战"，也无比欣慰于自己"战之能胜"，有所贡献。

《铀解毒药物研究获重大突破》
《文汇报》1986 年 5 月 14 日

关于中科院上海药物研究所在铀解毒
药物研究上取得突破的英文报道
《中国日报》1986 年 5 月 16 日
（中国科学院上海药物研究所提供）

为科研人员讲授螯合剂方面的知识　1982 年

《为工人排忧解"毒"》
《新民晚报》1992 年 4 月 28 日

《为创制新药贡献一份力量》
《中国科学院》院刊 1992 年 7 卷 4 期

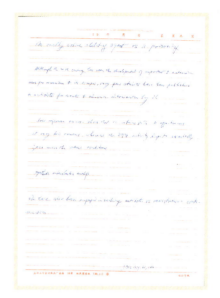

手稿：一种针对铀中毒有口服活性的
螯合剂

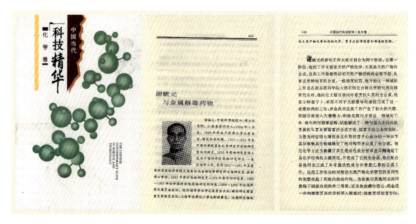

《谢毓元与金属解毒药物》
《中国当代科技精华·化学卷》1994 年 10 月

手稿：骨质疏松药物研究计划

《积二膦酸类药物对钙代谢有关疾病的应用前途》
《国外医学》药学分册 1984 年

《肿瘤定位药物的研究》
《国外医学》药学分册 1980 年第 5 期

《一种新型的多用途螯合剂——积二膦酸类化合物》
《化学通报》1980 年第 5 期

详细阐述该类化合物在工业、农业和医学上的用途，其中医学
上主要用于骨代谢疾病。

江苏省抗肿瘤药物工程技术研究中心第一届技术
委员会委员聘书　2004年4月

油菜素内酯技术转让后，实地考察广东江门农药厂
（右二谢毓元）　1995年

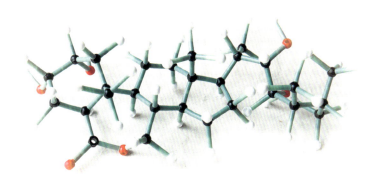

芸苔素内酯模型
（中国科学院上海药物研究所杨春皓课题组提供）

芸苔素内酯，别名油菜素内酯，化学式为$C_{28}H_{48}O_6$，
最早在油菜花粉中被提取发现，是一种高效植物
生长调节剂。20世纪80年代末，上海药物研究所
在谢毓元带领下开始探索和改进，形成了稳定高
效的表－油菜内酯合成工艺，并实现了成果转化。

"表－油菜内酯合成研究"国家科技
成果完成者证书 1998 年
（中国科学院上海药物研究所提供）

"植物生长促进剂——油菜素内酯"获第三届上海科学
技术博览会金奖 1995 年
（中国科学院上海药物研究所提供）

上海药物研究所被批准为《国家级科技成果重点推广
计划》项目"表－油菜素内酯（天丰素）"的技术依托
单位 1996 年
（中国科学院上海药物研究所提供）

"表－油菜内酯合成研究"科技成果登记表
（应用技术类成果）

2002 年，"表－油菜内酯合成研究"被收录于
《中国科技项目创新成果鉴定意见数据库》。

谢毓元常年致力于在已有基础上扩大螯合剂的应用范围，留下多篇研究手稿

担纲开新路

科研之外，谢毓元也挑起了药物所的管理重担，并将开拓创新的理念一以贯之。

1984 年，花甲之年的谢毓元担任上海药物研究所第三任所长。他大胆尝试，创新课题组的组织方式，充分发挥各级科研人员的积极性。他高瞻远瞩，积极与日、美等国药企开展合作，开拓出中国药物走向世界的路径。

1988 年，上海药物研究所筹建"新药研究国家重点实验室"之际，已卸任所长职务的谢毓元，作为拥有该领域学术带头人和优秀领导者双重身份的不二人选，再度出山，主持筹建工作，担任实验室主任直至 1996 年。三十多年来，一个个科研团队在这里开展基础研究、自主研发，接力实践着前辈们"出新药"造福人民的宏愿。

在东京考察　1980 年
（中国科学院上海药物研究所提供）

与日本山之内制药公司洽谈（右一谢毓元）

与日本全药株式会社合作签约（左三谢毓元）
1984 年
（中国科学院上海药物研究所提供）

与日本山之内制药公司签订合作协议　1985 年 6 月
（中国科学院上海药物研究所提供）

中国科学院生物学部主任曹天钦（一排右）、上海药物研究所所长谢毓元（二排左一）签署了实施"协议书"的《备忘录》。

访问美国普强药厂（左二谢毓元） 1986 年

《身在海外 心怀祖国 省下开支 购置仪器》
《解放日报》1981 年 3 月 31 日

访问美国礼来制药公司总部　1987 年
（中国科学院上海药物研究所提供）

在美国芝加哥与美国普强药厂签订合
作协议（前排左一谢毓元）　1986 年

第二次螯合剂国际学术会议参会者名单

1987 年,谢毓元赴捷克参加此次会议,并作介绍双酚胺酸的报告,在同行中引起较大反响。

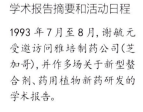

学术报告摘要和活动日程

1993 年 7 月至 8 月,谢毓元受邀访问雅培制药公司(芝加哥),并作多场关于新型螯合剂、药用植物新药研发的学术报告。

在"中医研讨会：创新中医药物的开发"上作学术报告
2000 年 4 月 6 日

发言稿

2000 年，谢毓元应中美医药专业协会邀请，作报告介绍我国药物研发近况。

中国科学院上海药物研究所新药研究开放实验室
学术委员会委员聘书　1990年12月19日

参加新药研究国家重点实验室验收会
（一排右五谢毓元）　1995年

在实验室前合影（右一谢毓元）

在岳阳路合成楼前留影

在新药研究国家重点实验室指导客座交流学者
做课题研究（左起：黄德音、雅克勒纳·絮奥、陈
国荣、谢毓元）

关于法国里昂第一大学化学工程师雅克勒纳·絮奥来
新药研究国家重点实验室客座交流的报道　1992 年

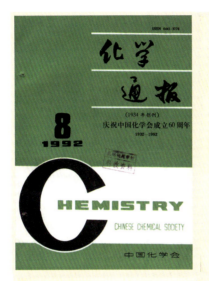

《药物化学的回顾与前瞻》
《化学通报》1992 年第 8 期

《新药研究实验室》
《化学通报》1992 年第 8 期

手稿：新药发展的迫切需求

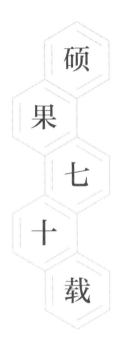

硕果七十载

因在药物化学和有机化学领域作出杰出贡献，谢毓元于1991年被评为中国科学院（化学部）学部委员（院士）。

科研路上，硕果累累，各种荣誉不胜枚举。荣誉背后，是漫长而枯燥的科研工作，实验持续24小时是常事。这些在别人看来辛苦的事，对他来说，却是乐在其中。因为，他此生念兹在兹的心愿，始终是研发出我们国家自己的创新药物，实现中国梦的"新药梦"。

中国科学院学部委员证书

中国科学院院士（学部委员）证书

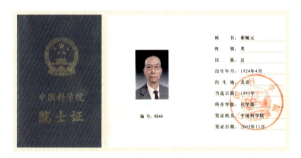

中国科学院院士证

中国科学院院士奖牌

中国科学院资深院士奖牌

中国科学院第十三次院士大会化学部院士合影（一排左三谢毓元） 2006 年

中国科学院第十四次院士大会化学部会议合影（一排左四谢毓元） 2008 年

吴阶平医学研究奖和保罗·杨森药学研究奖　1994 年

2003 年度中国药学发展奖获得者（药物化学奖）

中国科学院上海药物研究所终身成就奖

上海药物研究所终身研究员证书

来所从事科研、技术管理工作三十周年荣誉证书　1982 年
（中国科学院上海药物研究所提供）

徐光启科技荣誉奖章　1999 年

1995 年度上海市劳动模范

光荣在党 50 年纪念章

庆祝中华人民共和国成立 70 周年纪念章

绘一斑斓卷

丹
心
育
桃
李

　　谢毓元爱才惜才，培养了近三十名博士、十余名硕士。在学生们的眼中，他是治学严谨、思维敏捷的严师，也是平易近人、仁慈可爱的长者。他凭借杰出的多国外语能力、文献调研能力和动手实验能力，引领后生晚学步入科研之路。

　　"对科研工作要有锲而不舍的精神；

　　"独立思考，不迷信权威；

　　"干任何事情，缺少激情，缺少刻苦钻研、拼搏向上的精神，是难以取得成功的……"

　　他抱持一生的科研态度，成为年轻人学术道路上的航标。

新民晚报 "我的科学生涯"大型征文

B7　2010年6月12日 星期六　Email:lwx@wxjt.com.cn　责任编辑:刘伟馨　视觉设计:黄娟　主办:新民晚报社 中国科学院上海分院

谢毓元:在瓶瓶罐罐中收获人生

◆ 谢毓元

作者简历

谢毓元 药物化学专家。1949年毕业于清华大学化学系。1961年获苏联科学院天然有机化合物化学研究所副博士学位。中国科学院上海药物研究所研究员。1991年当选为中国科学院院士(学部委员)。

兴趣是可以培养出来的

回顾这半年来,从对化学毫无认识到逐渐了解,最后深深爱上这门学科,让我感觉到,任何工作,只要认真去做,兴趣是可以培养出来的。

我出生在一个书香门第。父亲是前清科举出身,因此我们家中有很多藏书。在我年幼时,父亲就要我阅读,背诵各种古籍,包括《论语》、《孟子》、《古文观止》、《资治通鉴》、《史记》等,还要我学习书法。在父亲的影响下,我对中国文学、历史产生了浓厚的兴趣。在高中毕业报考大学时,中国文学或者历史是我最想读的专业。不料,我的这个想法遭到了父亲和兄长的坚决反对。他们认为只有读数理化才有出路。我大哥在学医,二哥在学物理,我就选择了化学。彼时,我对化学并没有多少兴趣。不过在日后的学习中却越发觉得有意思。

我的大学经历小有曲折。先是在私立东吴大学(当时迁校在上海租界)求学,1941年,日军进占租界,父亲不让我在敌占区就读,只能辍学在家。四年以后,抗战胜利,我考入了清华大化学系,在二年级作为插班生继续自己的学业。

清华大学的3年学习,让我得到了很好的锻炼。特别是在我大三时,由于学习刻苦,受到了张青莲先生的青睐,从三年级开始,就跟着他做研究工作,在实验室里开始了科研,并先后完成了三篇论文。

毕业后,我先是留在清华大学当助教。一年之后,我对高校的单纯教学工作感到索然无味,转入中国科学院有机化学研究所,被分配到药物研究室工作,两年后,研究室划拨出为药物研究所,至此,我开始了半个世纪与瓶瓶罐罐打交道的生涯。

与瓶瓶罐罐打交道乐在其中

研究的工作总归是漫长而枯燥的,但别人看来辛苦的事情,我却自己乐在其中,苦是完全不觉得的。

药物研究所,顾名思义就是研究开发新药。我到药物所参加的第一个任务就是参加帕洛运先生主持的研究血吸虫病防治药物的工作。当时,治疗血吸虫病的唯一有效的药是锑剂,这个药的缺点是,使用时经常因锑中毒导致病人死亡,为避免这一严重的副作用,设计合成了一系列与锑结合作用的第二巯基化合物。试验结果,毒性确实降低了,虽然最后没有能够开发成为新药,但合成的一个中间产品二巯基丁二酸的酯理室丁光生先生领导的课题组反复试验,对锑、汞等重金属中毒的解毒有很好的效果,被批准

■ 在莫斯科红场(1958年)

作为重金属中毒解毒药物,在新亚药厂生产。在后来一系列神中毒的事故中发挥了巨大的作用。1992年,郑州某个化学校有人为了泄愤,将砒霜投入食堂正在发酵的面粉中,使得七百多名师生严重中毒,所幸及时使用该药物进行抢救,不仅没有人死亡,也没有留下任何后遗症状。

1992年,该药物还被美国FDA正式批准,用作小儿铅中毒的药物。此外,该药物还被定被中医学用于治疗一种遗传性疾病——肝豆状核变性。该病疾病是由于某种酶的天生缺失引致铜在体内蓄积,二巯丁二酸可以排除蓄积的铜,并减轻症状。

上世纪60年代,随着我国核试验的发展以及原子能的和平利用,放射核素进入人体引发癌症的危险日益增多,当时的二期国家在工业的研制,为保障有关工作人员的健康,要求我们研制放射性核素的排除药物。我接受了这一任务并马上投入到开发新一代核素排除剂的探索中。

[相关链接]

在血吸虫病药物、金属中毒解毒药物、放射性核素排除药物、震颤麻痹症药物领域进行了长期研究并发现了一些成果优良的新药。在天然产物领域,全合成了绝时构型与天然产物一致的降压生物碱莲芯碱及其生素麦黄霉素。研究新鲜合剂的合成,在多个系列的新型化合物中找出唯脯酸对钚、镅等的排除有很好作用。钚镅钐钠对放射性锶有促排作用,超越过国外报道的药物效用。对核排药物的设计与合成,药效篇选、作用机理、配位化学等方面有系统完整的研究。

■ 在苏联科学院宿舍(1959年)

■ 给研究生上课

■ 在美国友人家中下棋(1985年,纽约)

留学苏联被赞"有双幸福的手"

在苏联科学院天然有机化合物化学研究所做研究期间,我尝试用自己简便的方法做实验,得到了导师施米亚京院士要求的结果,他夸我"有双幸福的手"。

1957年,我被派往前苏联科学院天然有机化合物化学研究所做研究生。师从施米亚京院士。当时,施米亚京院士已经是有名的中国朋友了,我刚刚抵达前苏联,其中的一个多次招待我到他,告诉我施米亚京院士那里已经处于饱和状态,不会收我,建议我去另一位导师,我想,不管怎样还是要争取一下,没想到的是,我和施米亚京见面后,他觉得我的俄语很好,马上就留下了我。

我的论文题目是四环素类化合物的合成。施米亚京院士非常提了一个中间体的合成路线,我发现,按照施米亚京院士的方式,要通过好几步才能得到最后的结果,我对他说,我可以用更简单的方法来完成。不过,施米亚京院士并不相信,还批评我不听话。在他走开后,我用自己设计的方法进行改良,一直刻苦攻坚,终于得到了目标物。第二天,我将合成的化合物交给施米亚京院士来看,起初,他觉得这不可能,马上将化合物送分析室,并要求分析人员解析他给出的结果,半天功夫,分析结果出来了,和他要求的一模一样,看到结果后施米亚京院士十分激动,兴奋对我说:"你们中国有句古训叫做'成则为王',我们苏联也有一句话'成功的人是不受责备的'。"从此,施米亚京院士对我放开了手,别人做不出的实验常常会被他到我的手里。我也顺利完成,他夸奖我有一双幸福的手。

三年的学习,我完成了一篇副博士论文,即将回国。看着我的论文,施米亚京院士对我说:"我很后悔没有争取把你留在这里。"对我而言,3年的学习,让我接受了更加规范的实验方法,也学到了很多宝贵的东西。这3年对我的人生而言非常重要。

半个世纪的经验与青年人分享

不管是工作经验还是家中的藏书,我都爱与人分享,我相信"授人玫瑰,手有余香"。

回顾半个多世纪的科研工作,我总结了一些经验体会,与年轻的学生们分享。首先,对科研工作要锲而不舍的精神。从大处讲,是对任何工作都锲而不舍,从小处讲,就是对每一个实验的锲而不舍。化学是一门实验科学,任何一个实验,假如设计路线事先经过充分的调研和周密的思考,应该有较大的成功把握。遇到失败,在所有可能的原因被排除前,不要轻易抛弃原有的设计。这样,大多数情况下,取得成功的可能性就大得多。抛弃原有实验,都是在多次失败后不懈坚持下,才取得好结果的。失败、耐心、细心的缺乏往往是我成功的绊脚石,每每在学生入门时,我都不厌其烦地向他们提出忠告。

其次,独立思考,不迷信权威,也是非常重要的。导师虽然有很多知识和经验的积累,但总还会有一些局限性。不可能对每一个问题的看法,判断都没有偏差。因此,一方面要尊重师,另一方面也要敢于迷信,在解决实际问题的过程中,多一些主动,少一些依赖。

第三,千仔何事情,缺少激情,缺少耐劳钻研,拼搏向上的精神是取得成功的。五十多年来,我数次根据自己的科研方向,接受新任务。每一次都能锐利向成,屡的就是这种精神激情。根据科研需要,有时候,实验连续24小时是常事。不过,拼搏永远是件惬意的心灵劳,隔绝世杂。人在过度疲劳的情况下,考虑问题容易精神不集中。实验的多次失败的时候,心力交瘁,可能会让牛角尖。遇到这种情况时,最好自我找些一下,找些自己喜欢的娱乐活动,或进体育活动,调剂身心。

工作中钻研科学,业余时间对文学依然爱好。业余常会建议读理工科的学生们看一些文学经典。1998年,我和家人商议,决定把收藏的2035册古籍图书捐赠给贵州图书馆,以此作为我和家人对故乡的一份心意。

《谢毓元:在瓶瓶罐罐中收获人生》
《新民晚报》2010年6月12日

首先，科研工作要有锲而不舍的精神。这大处讲，是对任何工作都要锲而不舍。从小处讲，是对每一个实验的锲而不舍。任何一个实验，假如设计比较事先经过充分的调研和周密的思考，应该有较大的成功把握。遇到失败，首先应该反省在这个实验设计的缺陷，而在这实验过程中可能的疏忽等各方面去寻找原因，在所有可能的原因都排除后，不能用改变原有设计，这样，在大多数情况下，最终会导致成功。我的很多实验，都是在多次失败的基础上，经过反复推敲之后才取得良好结果的。信心、耐心和细心的缺无，往往是成功道路上的绊脚石。

树立思路也是科研工作的重要一环。对于年青同志来讲尤为重要。导师都有较多的知识和经验积累，但毕竟还有一定的局限性，不可能对每一个问题的看法或判断没有偏差。因此一方面要尊重导师，一方面也要敢于进信。在解决实际问题的过程中，最好有一些主动，少一些依赖。记得有一次我的学生导师要求我按照他设计的路线合成某一化合物。我根据自己的文献调研找到了自认为更简合理的方案。导师起先否定了我的方案，但又要我按自己的方案进行尝试并要求证明了我的方案，但当我拿自己的方案进行尝试并证明了我的方案时，他虽然但没有责备我不听话，反而用"成功是王道"一句话来鼓励我，而且

一台时我完全信任，完全放手。所以一家或是对数真理的标准，对于这一点我成应定意义，但也不必盲从。

干任何工作，缺少一种激情，一种利索的精神，光埋头上的精神，是唯空取得成功的。但我认为，科研却并不一定要求事事都像成见的四足豪骋，随地唐世。要适度结合，有张有弛，不但完成工作，相反会对工作有所促进。一个人在过度疲劳的情况下，做实验问题往往不易集中，易出神错。在实验多次失败的情况下，心情焦急，不易冷静分析，往往错上加错。每遇过题拜难，最好是自我轻松一下，或做自己喜欢的娱乐活动，调节身心，然后以饱满的精力重新投入工作，往往会收到良好效果。

而今我已年届古稀，虽由于工作需要，还承担着一些课题工作，但主要精力在培养研究生。希望现中的各青年青年，希他们在创造之中，迅速成长，希望他们早出成果，攀登科学高峰，成为祖国科技事业的跨世纪接班人。

手稿：与青年人分享科研心得

在祖冲之路 555 号实验室　2003 年

与同事们在岳阳路 319 号实验室（左二谢毓元）
1990 年
（中国科学院上海药物研究所提供）

谢毓元亲自做实验直到七十余岁，是课题组长的
典范。

和课题组所有人员合影（前排右三谢毓元，右二为
谢毓元博士生、课题组接班人杨春皓）　2012 年

这些笔记是我几十年跑图书馆查阅过重要作用 现在已成历史

在药物所图书馆查阅资料

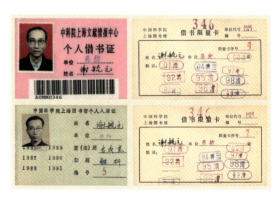

中国科学院上海图书馆借书证、借书卡、个人入库证

文献的摘录 对我的科研工作起到

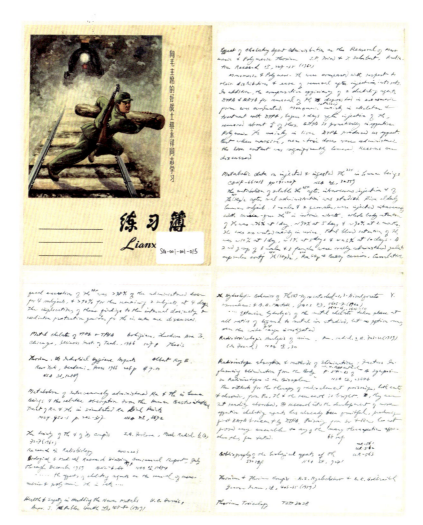

文献摘录
（中国科学院上海药物研究所提供）

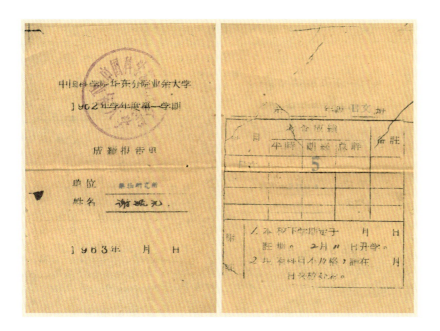

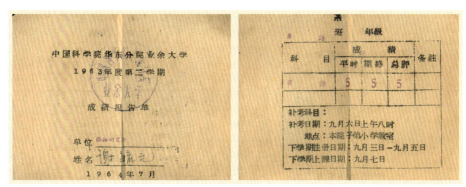

中国科学院华东分院业余大学日语培训班成绩报告单
1962、1963 年度

谢毓元掌握四门外语：英语、俄语听说读写皆可，日语、德语可读写。

帮学生翻译俄文文献的手稿与文献原文　2000 年
（中国科学院上海药物研究所提供）

和学生李援朝（右）在重点实验室
（中国科学院上海药物研究所提供）

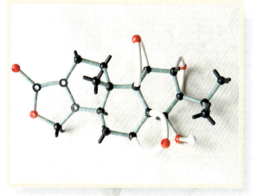

雷公藤内酯醇模型
（中国科学院上海药物研究所提供）

雷公藤是我国特有的一种重要药用植物，具有抗炎、免疫抑制、抗生育、抗肿瘤、抗菌等活性。

谢毓元指导的博士后李援朝研究员带领的团队，对雷公藤开展了二十余年的基础研究，取得了突破性进展，获得了一系列新的雷公藤内酯醇类衍生物。

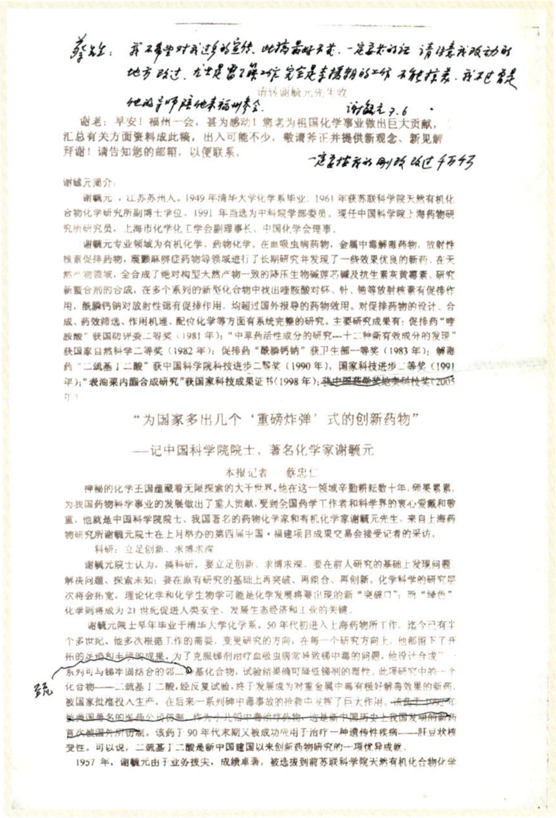

在《中国化工报》宣传文稿中亲笔指正，对雷公藤化学成分的研究非自己所做，成果系学生李援朝所有

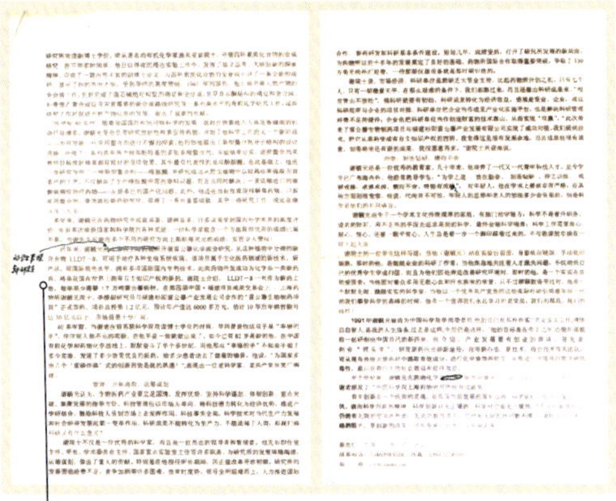

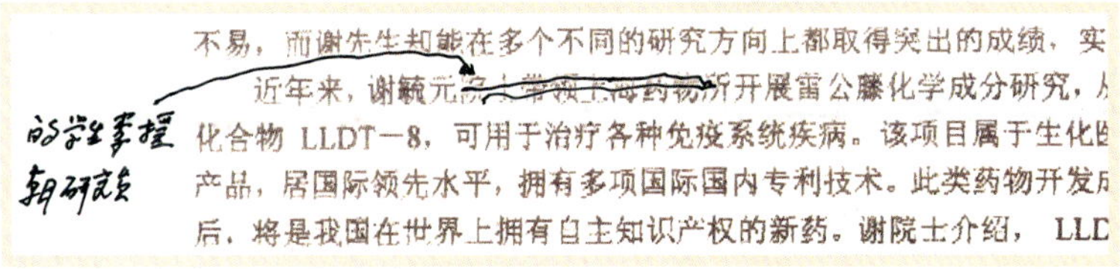

教师资格证

获中国科学院研究生院"杰出贡献教师"称号
2008 年

中国科学院优秀研究生导师、教师荣誉证书　1998 年

学生赠予恩师的笔记本　1963 年

在中华人民共和国的第一个教师节与药物所师生合影（二排左十一谢毓元） 1985 年
（中国科学院上海药物研究所提供）

学生为恩师庆祝 88 岁生日（前排中谢毓元）
2012 年

与学生合影（右二谢毓元）

余暇兴味长

谢毓元认为，劳逸结合更有利于工作。生活里不止有瓶瓶罐罐。从繁忙的科研工作中短暂抽离，他也会沉浸在各种兴趣爱好里。阅读文学经典，半夜起来看球赛，打一场乒乓，和年轻人玩一局桥牌，去各地旅游，收集啤酒标签，兴致来了唱一段京剧……

如多彩点缀，皆快乐时光。

上海外文书店内部发行购书证　1961 年

上海图书馆（上海科技情报研究所）
荣誉读者证书　1996 年

《谢毓元爱做桥牌脑力操》
《上海科技报》1999 年 5 月 28 日 第 1890 期 第 4 版

与外国友人下象棋

打乒乓球

与夫人叶德华下飞行棋

午休时使用的扑克牌

留学期间购买的益智类游戏道具

与罗马尼亚友人交换的啤酒商标及友人来信

与药物所抗菌素室同事游园林（左五谢毓元）
1962 年

与同事在太湖（前排中谢毓元） 20 世纪 60 年代

在庐山游玩

晚年在成都、晋城等地旅游

留学期间购置的照相机及拍摄的照片

家和其融融

1953 年，谢毓元结识了来药物所实习的药剂师叶德华，两人相知相恋，翌年喜结连理。叶德华不仅是丈夫投身科研的贤内助，也是一位屡获嘉奖的优秀科技工作者，曾获上海市 1955 年先进卫生工作者称号。

二人育有一子一女。和父亲当年一样，谢毓元注重对子女的言传身教。他常在周末把两个孩子带到单位。父亲埋首于实验器材间的工作场景，深深镌刻在孩子们的记忆里。谢毓元也会给孩子们讲文史典故和名人故事，是孩子们心目中的"百科全书"。暑假时，他带孩子们回到苏州菉葭巷，鼓励他们阅读旧宅中的藏书。

谢家家风，润物无声，代代相传。

结婚证

与叶德华结婚照　1954 年

叶德华获上海市 1955 年先进卫生工作者称号

与妻叶德华、子谢家叶、女叶家苏
1961 年、1974 年、1984 年

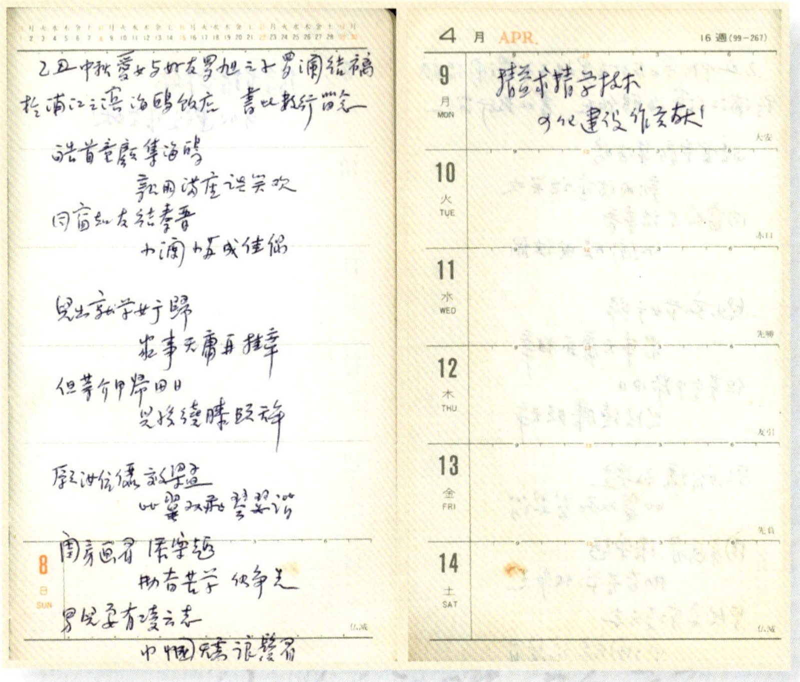

女儿叶家苏结婚，作诗志之　1985 年

菉葭巷 谢家里

谢家三子，皆为栋梁。

谢毓晋是我国杰出的微生物免疫学家，将毕生心血献给我国的医学科学事业，为千万人谋求安康。

谢毓寿是我国著名地震学家、工程地震的奠基人，踏遍祖国山河，守护建设安全与万家灯火。

对于谢毓元来说，两位兄长是血浓于水的亲人，亦是赤诚报国的榜样。

承父之志，护我华夏，一门三杰，百世垂范。

谢毓晋（1913-1983）
卫生部武汉生物制品研究所总技师、副所长、名誉所长

谢毓寿（1917—2013）
中科院地球物理研究所研究员
中国地震学会第一届理事、名誉理事

谢毓元（1924—2021）
中国科学院上海药物研究所研究员、x、x所长

蓁莪巷 谢家里

谢家三子，皆为栋梁。

谢毓晋是我国杰出的微生物免疫学家，将毕生心血献给我国的医学科学事业，为千万人谋求安康。

谢毓寿是我国著名地震学家，工程地震的奠基人，踏遍祖国山河，守护建设安全与万家灯火。

对于谢毓元来说，两位兄长是血浓于水的亲人，亦是赤诚报国的榜样。

承父之志，护我华夏，一门三杰，百世垂范。

谢毓晋（1913—1983）

卫生部武汉生物制品研究所总技师、副所长、名誉所长

谢毓寿（1917—2013）

中科院地球物理研究所研究员
中国地震学会第一届理事、名誉理事

谢毓元（1924—2021）

中国科学院上海药物研究所研究员、第三任所长

▶ 四十年代

◎谢毓晋毕业后，担任富来堡大学内科医院细菌血清检验室代主任。后归国，35岁即担任上海同济大学医学院院长，创办《大众医学》，翌年在上海创办民生实验治疗研究所。

◎谢毓寿进入重庆北碚地震台，抗战胜利后，协助地震学家李善邦建设南京水晶台地震台。

◎谢毓元进入东吴大学（沪校）理学院化学工程系，因战争辍学四年，后考入清华大学化学系。

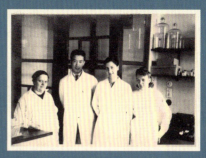

在德国富来堡大学内科医院细菌血清检验室与同事合影（左二谢毓晋）1940年

野外考察

就读于清华大学
1946年
（中国科学院上海药物
研究所提供）

在赴欧留学的轮船上（左起盛澄鉴、过晋源、谢毓晋、裘法祖） 1937 年

在德国富来堡大学宿舍
1938 年

在东吴大学数理系学习
1935 年

毕业于东吴大学　1938 年

谢毓元在上海租界读高中期间与父母和姐姐的合影

左一谢毓元，左三父亲谢镜第，左四母亲徐墨蕾，右一至右三依次为三姐谢毓英、二姐谢毓华、大姐谢毓蓁。

1932—1936 年在上海同
济大学医学院学习

谢镜第手书合影　1937 年

谢镜第（前排右二）和谢毓寿（后排左二）送别谢毓晋（前排
左二）、裘法祖（前排左一）、过晋源（前排右一），在沪留影。
裘法祖后成为我国普通外科的主要开拓者，过晋源成为我国
现代内科学奠基人之一。

▶ 三十年代

◎谢毓晋毕业于东吴大学附中，
考入上海同济大学医学院，后赴
德国富来堡大学留学，攻读细菌
免疫学博士学位。

◎谢毓寿在东吴大学附中读完高
中，考入东吴大学数理系。

◎谢毓元在苏州读了小学和初
中，又辗转至上海，进入苏州中
学（沪校）。

在东吴大学附中　1930 年

少年时期

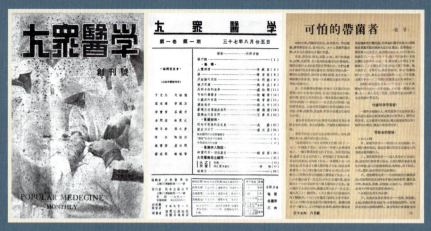

创办我国第一本医学科普刊物《大众医学》，发表多篇文章，普及防疫知识　1948 年

与同事讨论地震研究工作
（右一谢毓寿，右二地震学家李善邦）

与同学合影（中间谢毓元）

创办上海民生实验治疗研究所　1949 年

上海民生实验治疗研究所部分工作人员合影
（三排右一谢毓晋，一排右二谢毓英）

参加爱国游行　1946 年

在上海民生实验治疗研究所工作
1951 年

民生所资助的上海市私立伯利恒小学校全体师生欢送谢毓晋（四排左十二）光荣赴调武汉　1952 年

▶ 五十年代

◎谢毓晋应国家需要离开上海，远赴武汉中南生物制品实验所（后改名为卫生部武汉生物制品研究所），开展狂犬病疫苗冻干研究，开始重大科研任务"动物血清代血浆"的研究。

◎谢毓寿承担起选择地震台址和考察地震现场的任务，奔走于祖国各地。他倡导新兴的工程地震研究，成为我国该领域的开拓者。

◎谢毓元进入中国科学院有机化学研究所药物研究室（1953年独立成为中国科学院药物研究所）。1956年，被推荐留学苏联。

在山西崞县地震考察时的工作笔记
1952 年

药物研究室成立20周年合影（前排右四室主任赵承嘏，左一谢毓英，二排右四谢毓元）　1952 年
（中国科学院上海药物研究所提供）

▶ 六十年代

◎谢毓晋深入研究免疫学基础理论和新技术，开展新兴的免疫电泳技术研究，达到当时国际先进水平。

◎谢毓寿投入西南建设，带队架设了西南地区第一个区域测震台网，编制了西南三省第一幅烈度区划图。又在国内先行水库诱发地震的研究。

◎谢毓元在苏联获得副博士学位，重回药物研究所，开展天然产物全合成研究。后响应国家号召，转向放射性核素促排药物研究。

肖像照

考察 1605 年海南岛大地震（右一谢毓寿）1964 年

中国科学院上海药物研究所学术委员会
成员合影（二排左五谢毓元）1961 年
（中国科学院上海药物研究所提供）

105

参加全国输血工作现场会议（三排右十三谢毓晋） 1958 年

谢毓晋全家福 1958 年

摄于上海王开照相馆，随即举家迁至武汉。

访问日本东京大学地震研究所（前排左一谢毓寿） 1957 年

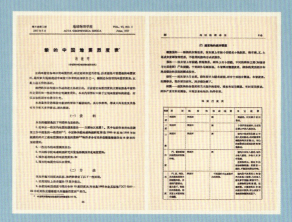

《新的中国地震烈度表》
《地球物理学报》1957 年第 6 卷第 1 期

1959 年起在全国推广使用，为我国重点建设地区的地震烈度评定设立了符合国情的标准，迈出了工程地震研究的坚实一步。

在苏联留学期间留影

曾任卫生部生物制品委员会副主任委员（一排右三谢毓晋）
1956 年

与苏联专家合作研究中国地震区划（前
排左二谢毓寿） 1954 年

在云南考察 1954 年

全家福 1958 年

参加武汉百白经验交流会（一排右五谢毓晋） 1963 年

谢毓寿翻译的《地震活动性的详细研究方法》于1965年出版，至今仍对地震预报有指导意义

全家福 1965 年

云南东川地区 6.5 级地震考察工作记录 1966 年

用两年多时间完成了降压生物碱莲心碱的绝对构型测定及全合成工作

在太湖之滨

▶ 七十年代

◎谢毓晋在艰苦条件下开展"抗淋巴细胞球蛋白"研究，历时七载。

◎谢毓寿负责主编《汉语主题词表》的地球物理部分，推进历史地震研究，积极参加国际交流。

◎谢毓元研制的促排药螯核羧酚通过鉴定，同时开展锶-90促排药的研制。

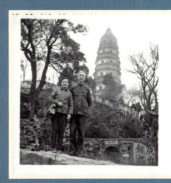

与夫人在苏州虎丘　1977年

访问苏联　1973年

出席在上海举办的促排药螯核羧酚鉴定会（前排右三谢毓元）　1977年

"Ⅵ型治疗血清"通过鉴定,获卫生部科技成果甲等奖(二排右八谢毓晋) 1980 年

"抗淋巴细胞球蛋白"通过鉴定,获卫生部科技成果甲等奖(二排左九谢毓晋) 1981 年

1982 年《中国地震历史资料汇编》告成,历时五年,共五卷七册,把中国地震记载历史前推了 11 个世纪多,获 1987 年度中国图书奖

负责主编中科院情报所《汉语主题词表》地球物理学部分,该项工作获 1985 年国家科学技术进步奖二等奖

在云南省地震局成立 20 周年大会上做学术报告 1986 年

出访德国重返富来堡大学
1980 年

20 世纪 80 年代初赴德考察时购置的
打字机

▶ 八十年代

◎谢毓晋任湖北省政协副主席，研制的"VI型治疗血清"和"抗淋巴细胞球蛋白"获卫生部科技成果甲等奖。在国际学术交流中，为我国单克隆抗体研究的起步尽心竭力。

◎谢毓寿主编的《中国地震历史资料汇编》告成，并组织人员编辑出版了《1900—1980年中国$M \geqslant 4.7$地震的均一震级目录》。

◎谢毓元担任中科院上海药物所所长，积极推动国际合作，筹建"新药研究开发中心"。

访问日本地球物理观测台
（右三谢毓寿） 1982 年

参加日本山之内药厂年会（左一谢毓元）

出席生物制品委员会第四届全体会议（一排左二
谢毓晋） 1978 年

访问芬兰赫尔辛基 1973 年

陪同瑞典专家在北京考察（左一
谢毓寿） 1978 年

与历史学家蔡美彪先生共同
担任《中国地震历史资料汇
编》主编 1977 年

《文汇报》1978 年 3 月 13 日第 2 版
刊载

与外国专家交谈（左一谢毓晋）

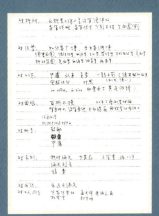

晚年在病床上对科研人员的
嘱托

在《台湾地震历史资料汇编》评审会上发言
（中间谢毓寿） 1988 年

1985 年起,研究、统一了震
级标度,提供了归算历史地震
震级的标准

应莫斯科科学院副院长邀请重访天然有机化合
物化学研究所（左二谢毓元） 1987 年

▶ 九十年代

◎ 谢毓晋逝世五年后，他的助手们攻克了"抗人T淋巴细胞及亚群单克隆"技术。1990年，武汉所建成了"卫生部单克隆抗体中试实验室"。

◎ 谢毓寿仍活跃在国内外的考察活动和学术研讨会上，赴多地指导工作，潜心地震研究。

◎ 谢毓元被评为中国科学院（化学部）学部委员（院士）。他继续尝试医用螯合剂的民用开发，并担任新药研究国家重点实验室主任。

卫生部武汉生物制品研究所"HLA 单克隆抗体诊断试剂盒的研究"获卫生部科技进步奖三等奖　1991 年

重返广东河源新丰江水库指导地震观测研究工作　1992 年

1991年1月8日，《上海科技报》刊载谢毓元给读者的赠言：老老实实工作，清清白白做人

在波士顿　1991 年

在"庆贺谢毓寿教授八十寿辰暨从事
科学研究六十年学术研讨会"上发言
1997 年

出席全军医院药学专业组第三次中药制剂学术会议（一排左六谢
毓元） 1994 年

"表－油菜素内酯"技术转让后去广东江门农
药厂实地考察，该技术能显著提高农作物产量
和免疫能力（右三谢毓元） 1995 年
（中国科学院上海药物研究所提供）

▶ 二十一世纪

◎2006年，武汉生物制品研究所举办了隆重的纪念活动，将新建的国家无细胞百白破高技术产业化示范工程大楼命名为"毓晋楼"。

◎谢毓寿仍旧心系祖国地震科学事业，笔耕不辍。

◎谢毓元继续指导课题组工作，培养后学，参加学术考察活动。

在苏州东山席家花园　2005 年

谢毓寿（右）在上海谢毓元家中
2005 年

参加创新中医药物的开发研讨会
2000 年

参加第十一届亚洲药用植物、香料及其他天然产物学术大会（左三谢毓元）　2003 年

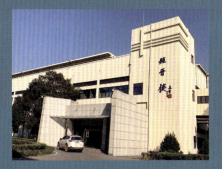

2006 年落成的武汉生物制品研究所
"毓晋楼"

"毓晋楼" 大厅中的谢毓晋铜像

在九十寿辰庆祝会上发言　2007 年

伏案写作　2010 年

年近八十仍在实验室工作　2003 年

入党五十五周年　2011 年

在日本考察 1993 年

在河北石家庄参加唐山地震二十年
研讨会 1996 年

《暮年志弥坚 悉心创新药》
《文汇报》1992 年 2 月 13 日

1992 年 4 月 16 日,
《人民日报海外版》
刊载中国科学院
新增选学部委员
谢毓元简介

113

媒体见面会

2022 年 7 月 10 日, 展览于苏州美术馆开幕并举办媒体见面会, 当日谢毓元院士的亲属、学生, 求学母校和工作单位的代表, 以及曾接受谢院士捐赠的苏州图书馆古籍部的代表, 在会上谈起他们心目中的谢院士, 共同表达对谢院士的崇敬与怀念。

谢毓元院士之女叶家苏

叶家苏：

　　我是父母的小女儿，一直工作、生活在上海，与父母生活在一起的时间较多。在我眼里，父亲就是一个普通的、和蔼的、学识渊博又慈祥的父亲。无论父亲在外成绩有多么辉煌，他从不炫耀，在家里也不提起。他的许多重大科研成果，都是我从报纸、书籍等途径了解到的。在整理他的遗物时，我发现了一本1965年的学习笔记，其中记录道："我国要'比学赶帮超'，赶上欧美等世界先进水平。"当时，父亲就提出"要以超的精神去赶，而不是简单地模仿，不然永远赶不上"。在他的心中有一个为祖国争光、为人民造福的强烈愿望。父亲在我记忆里原本瘦高的形象一下子丰满、伟岸起来。

　　小时候我最盼望星期天和生病。因为星期天他总是会去做实验，我就可以坐在他老旧的自行车上叽叽喳喳地和他说话，可以去他的实验室玩儿，前提是不可以触碰实验室里的东西。这是和父亲相处得很开心的时刻。父亲平时工作很忙，回到家依旧埋头看文献、写东西，总是在思考问题，神情严肃，我们不敢打扰。所以我小时候喜欢生病，因为他会抽时间来陪我，给我讲故事。名著经典、才子佳人、帝王将相，历代王朝更迭，他都能娓娓道来。我浅薄的历史知识，都是从父亲的故事中听来的。

　　父亲是我的百科全书，也是我的人生导师。无论是天文地理，还是历史外语，只要我有问题，第一想到的就是向父亲求证，只要他说对，我就相信。我从小梦想着长大也像父亲那样和瓶瓶罐罐打交道，但是父亲没有用手中的权力让我进药物所，他希望我以自己的能力服务于社会。当我在工作中遇到困难时，他又以自己的亲身经历宽慰我，告诉我机会总是会给有准备的人，不要计较眼前得失，而要努力学习，脚踏实地工作。父亲以他自己的方式默默地关心、支持着我走向事业的高峰。

父亲治学严谨，也善于学习。在我的记忆中，父亲为开拓科研视野，了解国际动态，从不落下每一期CA杂志（指《化学文摘》），常常抱着厚厚一摞英文CA书回家，一目十行，看得非常快。他说，科研没有捷径，唯有脚踏实地，但是也要学习别人的成功经验，少走弯路。父亲没有在英语国家留过学，但是与国外谈判合作时他的英语水平和专业水平令谈判对象折服。我非常佩服父亲的语言能力，也暗暗下决心学好英语。后来我在外资企业工作，取得不错的成绩，这与从小父亲对我的影响是分不开的。

父亲不善言辞，不善交际，却以实际行动教育我们关心帮助他人。在我小时候，夏天很难买到西瓜。有一年，父亲好不容易买了两个小西瓜，我和哥哥一直等着父亲早点下班回来切西瓜吃。但是几天之后，父亲回到家，说有一位同事病得厉害，比我们更需要这个西瓜，我们就眼巴巴地看着他把西瓜全拿走了。他就是以这样的言传身教告诉我们，关心帮助他人是做人的基本原则。

父亲在工作上公平公正，从不以权谋私。改革开放后，父亲曾在1984—1987年担任上海药物研究所所长。那是百废待兴的时代，除了大力恢复科研秩序、落实科研经费，还有很多历史遗留问题，科研人员的住房、工资等问题需要落实，工作非常繁忙。周末，常常有父亲的同事上门诉说各种困难，他总是耐心倾听，尽量公平公正，按轻重缓急解决同事的困难，不以手中的权力谋私。

父亲豁达乐观，爱好广泛。父亲抽烟喝酒不运动，喜吃肉，不爱吃蔬菜，似乎与现在的养生之道不符，但是他乐观豁达、爱好广泛，这对他的长寿有很大帮助。他喜欢听京剧，爱看体育比赛，喜欢打牌。科学院组织的桥牌比赛，他虽然没有得过冠军，但也一直徘徊在第二、三名，每次都乐呵呵地拿着毛巾、杯子之类的战利品回来。他对NBA（美国职业篮球联赛）更是了如指掌，每支球队哪个教练执教，哪个球员交换去了哪个队，都是他茶余饭后津津乐道的话题，就连住院的三年时间也从不间断，连他的护工都能叫出NBA球队的名称了。他记忆力超强，有一次，我在女排比赛中看到一个熟悉的国家队员的身影，一下叫不出名字，就去问父亲。他并没有亲眼看见，仅听我的描述就马上说出了这位队员的名字。九十多岁高龄有如此记忆力，让我惊叹不已。我退休后也跟着父亲一起看比赛，一起讨论精彩片段或者遗憾败局，哥哥每次打电话来也大谈NBA，给他的晚年生活增添了不少乐趣。

回忆起父亲生前的每一件趣事，我心里充满温暖和美好，但一想起他去世前三个月的抢救，总是潸然泪下，心痛不已。人的生命是有限的，父亲将他的一生献给了祖国的科研事业。父辈的辉煌业绩我们无法企及，但是他的"正直、敬业、勤奋、豁达"的人生观永远铭记在我们心中，永远激励、鞭策我们做一个对社会有用的人，无论何时何地。

谢毓晋先生长子、中共苏州市委原副书记谢家宾

谢家宾：

尊敬的各位来宾、朋友们，尊敬的苏州市公共文化中心、中科院上海药物研究所的领导和同志们：

大家好！经过一段时间的筹备，"寻元化新——中国科学院院士谢毓元"展今天开幕了。疫情之下，有关各方克服了重重困难，付出了极大的努力。在此，我代表因疫情而未能到场的家属们表示衷心的感谢。

箓葭巷5号曾经是一座深宅大院，从这里走出了三位著名的科学家：我的叔父谢毓元、谢毓寿和我的父亲谢毓晋。谢氏三杰,同出一门,实属罕见。谢毓元是中科院资深院士、著名的药物化学家、上海药物研究所原所长,在天然产物全合成、放射性核素促排药物研究和医用螯合剂民用开发等领域作出重大贡献。谢毓寿是我国著名的地球物理学家、地震学家、工程地震的开拓者和奠基人,他的足迹遍布全国山山水水。我的父亲谢毓晋是我国著名的微生物免疫学家、联合国世界卫生组织咨询委员会委员、武汉生物制品研究所名誉所长。

父亲一生在科研工作中取得了多项具有国际水平的成果,他对耐热真空冷冻干燥乙醚灭活狂犬病疫苗的研制,挽救了成千上万患者的生命,填补了生物真空干燥技术的空白。

他在国际上首创将絮状反应法应用于破伤风类毒素、抗毒素的效价测定,大大提高了界定速度和科学性,他用大罐深层培养取代传统的手工生产工艺,用于霍乱、百日咳、百白破的生产,节约了大量的人力物力。他对动物血清代血浆、抗淋巴细胞球蛋白、单克隆抗体试剂的研究,始终处于当时的国际先进水平。

回过来看,谢毓元叔叔研制血吸虫病、重金属中毒及放射性核素促排药物,

我父亲针对狂犬病、破伤风、霍乱、百日咳等疫苗的研究和生产,挽救了千千万万患者的生命。他们的研究和工作的意义是极其重大的,人们常说的造福于人类,我想不过如此吧。

人们会问:为什么菉葭巷5号能走出一门三杰? 这是一个什么样的家庭? 我认为严格的家教,开放的教育,中国传统文化和西方科技的有机结合,造就了这个家族的兴旺。

祖父谢镜第是中国第一所大学——京师大学堂的毕业生,学堂开设了外语、数学、理化等课程。祖父很早就接触了西方文明,他把从私塾学到的中国文化和西方文明结合在一起,融会贯通。谢镜第多次到天平山为子女讲述范仲淹“先忧后乐”的故事,他把苏州的文化沉淀、历史名人爱国爱民的情怀深植在子女的心中。在那个年代,他的思想是非常开放的,他把三个儿子、一个女儿都送进大学深造。祖父曾引用古语“不为良相,愿为良医”,父亲就是带着这个理想,1937年毕业后自费赴德国富来堡医学院留学。

以前我常想:一个科学家,他的思想深处有什么?他有怎样的人格和情怀?下面我想讲几个父亲一生中的小片段。

专业的选择。学医有很多细分的门类专业。父亲说，临床医学虽好，但一次只能治好一个病人，临床医学再高明，如果没有特效药物去对付各种病菌，也只能眼睁睁望着病人离开人世。父亲决定走著名微生物免疫学家郭霍（Koch）和巴斯特（Pastear）的道路，到实验室去研究威胁千百万人健康的传染病的预防和治疗，这是他献身人民健康事业的根源所在。

留下还是离开。1937 年 2 月至 1941年 4 月，父亲在德国富来堡医学院学习，取得博士学位，荣获洪堡奖学金，并发表多篇论文。后经导师乌尔曼介绍，在当时的布拉格医学院当检验科主任，可以说前景十分广阔。1941 年 5 月，他收到当时驻德国大使馆转递国内卫生署的电报，要求他回国参加抗战大后方的防疫工作。当时在我国后方，伤寒、霍乱、白喉、斑疹流行，民不聊生，父亲再三思考之后放弃在德国优厚的工作生活条件和晋升教授的机会，回国来到西北防疫处工作，从此开始了在国内的工作。1980 年，德国邀请他故地重游，访问富来堡大学，他的导师乌尔曼和同学问他当年返回中国后悔吗，父亲坦然回答道："当时是国家的需要，抗日战争的需要，我不后悔。"

1949 年，国民党败退上海之时，拟定了一份"抢救"人员名单，动员他们去台湾，父亲时任同济大学医学院院长，便在名单之中。同时美、德也都发来邀请。父亲想到当时的中国百废待兴，还有千千万万的患者需要他。同时祖父、祖母还在国内，秉承"父母在，不远游"的想法，他决定留下来。

创办民生实验治疗研究所。新中国成立后，上海没有完整的防疫体系，父亲的一些朋友私人投资专门生产疫苗和药物的研究所——民生实验治疗研究所，聘请我父亲任所长。最初员工只有二十名，文化程度大都不高。父亲白天带他们做实验、做工作，晚上给他们讲课，从零做起。仅仅筹建三个月，民生实验治疗研究所就正式生产产品，当时主要生产破伤风类毒素和白喉抗毒素。破伤风类毒素研制出来以后第一时间送到抗美援朝战争前线，因为受伤的战士很容易得破伤风。民生实验治疗研究所仅存在三年多，却是父亲工作后心情最愉快的三年，工作成效最好的三年。

最后的遗憾。1982 年，父亲病倒，卫生部格外重视，北京医院和 301 医院两次组织会诊，确诊为肺癌，并且癌细胞已经转移，后进行放化疗。虽然在疾病折磨下父亲十分痛苦，但他仍关心工作，每周听取研究室的工作汇报，作出指示，而对妻子、子女没有任何留言。父亲去世前一个月，在医院跟我说："平生最痛恨有始无终，没想到这次要有始无终了。只要再给我两年时间，我手头的工作都可以有个结论了。遗憾的是，这些年给我自主工作的时间太少了，很多设想都没有时间变成现实。"

1983年，一代科学家离开了我们，享年七十岁。他爱国爱民的忠贞情怀、严谨认真的科研精神、热心豁达的生活态度永远留在我们心中。我想，今天展览的主人公谢毓元，只是千千万万老一辈科学家的代表，这些科学家是我们民族的脊梁，他们留给我们的精神财富永在。作为谢家的子孙，我们要继续发扬，也有责任向社会介绍推广。让我们向老一辈科学家表示深深的敬意。

谢家仪（谢毓寿先生之女）：

因疫情无法到苏州参观展览，请堂妹小苏代表我们致敬和缅怀我们的父辈谢氏三兄弟。他们永远是我们的骄傲和榜样。

三兄弟中的第二位——我的父亲谢毓寿先生，是地球物理学家、地震学家、我国工程地震和历史地震的开拓者和奠基人。自1944年进入重庆北碚地震台起，他投身地震事业60余年，为挚爱的地震事业奉献了一生。

20世纪50年代初到1966年，17年间他多次亲赴地震现场和国家重点工程建设现场,在考查野外和震区的宏观破坏时,常常冒着生命危险,因为余震还在发生。经过艰苦的调查研究,父亲制定了第一个符合中国国情的标准地震烈度表和地震区划,为新中国建设提供了急需的抗震指南,并被国际学术界广泛接受和引用。他还组织了地震局和社科院的联合项目,编制了独一无二的五大卷《中国地震历史资料汇编》,涵盖中国有文字记载的超过两千年的历史。

小时候,每当父亲出差回来,我们三个孩子都欣喜不已。不管父亲多忙多累,只要在家,每天早上四五点钟,他房间的灯就亮了,可以听到父亲在小声读英文文献,每天如此,从不间断。父亲这种勤奋努力、锲而不舍的学习精神,潜移默化,深深地影响了我们。我的哥哥谢家树、弟弟谢家康都学习刻苦,成绩优异,先后考入北京大学地球物理系,子承父业,一时传为佳话。

后来,我下乡到陕北插队。初入社会,美好的理想和现实之间巨大的鸿沟,使我们这些十几岁的孩子倍感困惑迷茫,看不到前途和希望。父亲虽不能在身边,但他时时刻刻关心着我,爱护着我,呵护着我。他经常写信,告诉我在困难中要看到前途,看到希望,要经风雨见世面,鼓励我在困难和挫折中成长。我至今仍记得他的教导:

"要与人为善,严于律己,宽以待人。

"做人要宽厚大度,宰相肚里能撑船。

"要换位思考,退一步天高地阔。

"己有德于人,不可不忘也;人有德于己,不可得而忘也。"

父亲的这些教诲,这些中国传统文化的精华,令我记忆犹新,受益终生,使我顺利地度过了那段难忘的艰苦岁月。

2008年汶川地震时,不少人问父亲:成都与汶川咫尺之遥,为何没受大的波及?对此父亲说,他在20世纪50年代负责评定了几十处地震烈度(成都是其中之一),经过60余年时间考验,尚无一处出现差错。对此他深感欣慰。

今天,谢氏三杰已先后离我们而去,他们在各自的科研工作中艰苦奋斗、顽强拼搏、无私奉献的精神,化作宝贵的精神财富,历久弥新,永远铭记在我们心里!

感谢苏州市名人馆为继承弘扬苏州优秀传统文化和苏州名人的光辉事迹所做的大量认真、细致、辛勤的工作,祝展览圆满成功!

中国科学院院士、上海中医药大学原校长、中国科学院上海药物研究所原所长

陈凯先：

尊敬的各位来宾、媒体朋友们：

下午好！今天恰逢第三个"苏州科学家日"，我们相聚在此，共同见证苏州市名人馆与上海药物所联合主办的"寻元化新——中国科学院院士谢毓元"专题展开幕。

谢毓元先生是我国著名的药物化学家和有机化学家、中国科学院院士。他为我国药物科学事业的发展作出了重大贡献，受到药学界众多科研人员的敬重与爱戴。

谢先生出身书香门第，家学渊源，从

小熟读古文经典，勤于书法，幼承庭训，深得孔子忠恕之道，养就精练文笔、谦和性格。在父兄影响下，他选择了一生从事的事业——化学，后经顾翼东、张青莲、赵承嘏、舍米亚金等名师浸润，展现过人天赋，学贯中西，在瓶瓶罐罐中，练就独当一面的科研能力。1951年，谢先生来到中国科学院药物研究所，开启了他丰富多彩的科研人生。

在数十年的科研生涯里，他曾多次转变科研方向，却每次皆能成绩斐然。入所初期，谢先生从事中草药的提取及简单化合物的合成工作，参与研制的普鲁卡因合成工艺获中国科学院推广奖。1953年，在研究防治血吸虫病药物时，他与合作团队研发的二巯丁二酸成为治疗铅、汞、砷、铜等金属中毒的理想解毒药物，并在1991年作为儿童铅中毒解毒药物被美国仿制，经FDA批准上市。1961年自苏联科学院天然有机化合物化学研究所取得副博士学位的谢毓元，一归国便全身心投入天然产物化学的研究中，先后完成了灰黄霉素的全合成、莲心碱绝对构型的确定及全合成、甘草查尔酮的结构确定及全合成，其中莲心碱及甘草查尔酮的研究作为研究所"中草药活性成分的研究——十二种新的有效成分的发现"的组成部分，获国家自然科学二等奖。正当天然产物研究得心应手之际，他接受国家第二机械工业部（后更名为核工业部）任务，转向放射性核素促排药物的研发。他首创的放射性核素钚-239、钍-234、锆-95促排药"喹胺酸"，获国防技术重大成果三等奖，且实现了价格昂贵的抗震颤麻痹药左旋多巴的国产化，被收入1977年版《中华人民共和国药典》。他首创的放射性核素锶-90促排药"酰膦钙钠"，获中央卫生部甲级成果奖。之后，谢先生尝试将螯合剂研究应用于民用，先后进行了放射性核燃料铀的促排药物研究、抗骨质疏松药物研究及抗肿瘤药物研究，均有良好的发现。20世纪80年代中期，他又完成了一种新的高效植物生长激素"表-油菜素内酯"（天丰素）的合成工艺，最终实现规模化生产，1995年产值达到一千万元。累累硕果，无不验证了谢先生"为学之道，贵在勤奋；刻苦钻研，持之以恒；戒骄戒躁，求博求深；锲而不舍，终能有成"的座右铭。

谢先生通晓英语、俄语、德语、日语，常年笔记本不离身，有空就去图书馆查资料，在前人工作的基础上产生自己的灵感及设计思想，这被认为是他设计的化合物十有八九会成功的秘诀之一。醉心于科研的谢先生喜欢自己动手做实验，别人眼中异常辛苦的全合成工作，他却自得其乐，曾连续奋战36个小时，只为确定一个羟基的位置。而他的实验能力之强，让留苏时的导师舍米亚金院士都由衷赞叹他"有一双幸福的手"。

谢先生不仅是一位优秀的科学家，而且是一位杰出的领导者和组织者。他先后担任室主任、所长、学术委员会主任、新药研究国家重点实验室主任等职务。特别是在他担任所长期间，在研究所体制改革、经费短缺的境况下，他殚精竭虑、审时度势，大力推进国际合作，为研究所的发展开疆拓土。

谢先生还是一位优秀的教育家。他总以自己成功和失败的经验教诲青年，帮助他们走上科研道路的第一程，学生们感激地称他为"引路人"。几十年来，谢先生共培养了近40名硕士和博士，一代又一代青年科技人才从他的实验室走出去，活跃在国内外的药物研究领域，为人类的健康事业努力着。

我第一次有幸认识和接触谢先生，是在1978年考上上海药物所研究生的时候，至今已有40多年。在此期间，我有机会聆听谢先生的教诲，这给我的印象和教益是终生难忘的。谢先生怀有深厚的爱国主义情感，从青年时代就追求进步。

新中国成立前后，他热情迎接新中国的诞生，积极投身新中国的建设。20 世纪50 年代，他满怀激情，光荣地加入了党组织，几十年来，为党和人民的事业，为国家的发展和社会的进步，努力奉献。2001年，他还代表全家将祖传的珍贵书籍、文物捐献给苏州市，受到政府的表彰。

而使我感触最深的是，1996 年组织委派我担任所长以来，谢先生始终以他的睿智、经验和威望，全力支持我的工作。每念及此，我内心充满感激之情。20 世纪末 21 世纪初，上海药物所面临着整体搬迁到浦东张江的艰难抉择。搬到浦东，有利于浦东开发开放国家战略的实施，也有利于研究所自身的发展；但离开浦西，今后的科研与生活也将面临诸多困难和问题，所内同志对此议论纷纷，存在分歧。我向谢先生和其他各位老先生汇报和请教。谢先生旗帜鲜明、毫不犹豫地表示支持，并多次在各种会议上表明态度。由于谢先生和其他各位老先生的大力支持，全所的思想很快得到统一，东迁张江顺利实施。上海药物所抓住了历史机遇，从此迈入改革创新、跨越发展的重要时期。

云山苍苍，江水泱泱；先生之风，山高水长。我们相信谢先生独立思考、大胆创新的探索精神，脚踏实地、勤奋好学的科研态度，淡泊名利、与人为善的处世基调，坚持原则、严谨认真的科研作风，必将激励我们一代又一代的科技工作者继续前行。

此次专题展览展出了谢先生生前许多珍贵的历史老照片、手稿、证书、实验装备等原件，让我们重温谢先生的学术成长和人生经历，也让更多的人走进、了解和学习科学家的伟大精神。在此，衷心祝愿"寻元化新——中国科学院院士谢毓元"专题展取得圆满成功！

中国科学院上海药物研究所党委书记、副所长、研究员

叶阳：

尊敬的各位来宾、媒体朋友们：

下午好！

非常高兴在"苏州科学家日"与大家相聚一堂。我们与苏州市名人馆共同推出的"寻元化新——中国科学院院士谢毓元"专题展览，也是上海药物所"弘扬科学家精神"系列活动之一。展览重点展示了谢毓元——这位为党和国家奉献一生的药物化学家、有机化学家、共产党员、中国科学院院士、中国科学院上海药物研究所老所长，在药物化学和有机化学领域探

本寻源、研制新药、造福社会的科研之路。在此，我谨代表中国科学院上海药物研究所向出席今天活动的各位嘉宾、媒体朋友们表示热烈的欢迎并致以衷心的感谢。

谢毓元先生成长于一个"一门三杰"的苏州家庭。两位兄长——微生物免疫学家谢毓晋和地震学家谢毓寿对他影响颇深。1928年，4岁的谢毓元跟随家人从北京迁回苏州姑苏区菉葭巷，在文化根脉滋养下的苏州度过了难忘的少年时光。谢毓元自1951年2月进入上海药物所(时为中科院有机化学研究所药物研究室)工作，1956年5月加入中国共产党，1991年当选中国科学院学部委员(院士)。作为中国共产党党员，他是一名召之即来、来之能战、战之必胜，永攀科学高峰的战士。

身为科学家，他始终不忘科学报国之初心，把个人理想自觉融入国家发展波澜壮阔的历史长河中，多次根据国家需求转换研究方向，且在每个领域都成就卓著。

初涉药学。 入所初期，谢毓元先生主要跟随上海药物所创始人赵承嘏先生从事中草药的提取及小分子化合物的合成工艺研究。1951年，谢先生采用简便的有效成分提取方法，出色地完成了常山叶中抗疟疾成分的提取及含量测定工作，并建

立起一套简单可行的常山叶中碱性物总含量的测定方法。次年，他又以曼陀罗及类似材料为原料，选择能应用于工业生产的适当方法，制成医疗上必需的药品阿托品和后马托品，实现了这两种药品的国产化。1952—1953年，谢毓元先生成功完成普鲁卡因的两个重要原料——对硝基苯甲酸和二乙胺的合成工作，解决了普鲁卡因生产原料的自给问题，并在1965年获中国科学院推广奖。1953年，谢毓元先生参加了抗血吸虫病药物的设计及合成工作。在详细的文献调研基础上，谢先生带领组内几个成员合成了若干含巯基的抗血吸虫病化合物，其中一个是二巯基丁二酸钠（又称二巯丁二钠）。无意插柳，为解决血吸虫病特效药酒石酸锑钾的毒性问题，他和梁猷毅、丁光生等合作研发了重金属解毒药物二巯基丁二酸，它对砷、铅、铜等重金属中毒后的解毒有极好的效果，在砒霜中毒事件中挽救了许多鲜活的生命。1991年，该药还被美国食品药品监督管理局正式批准为小儿铅中毒治疗药物，并成为第一个被国外仿制的中国新药和沿用至今的国家战略储备用药。这次设计合成是谢毓元先生涉足医用螯合剂的开端，也为他10多年后从事另一项医用螯合剂——放射性核素促排药物的研究打

下了深厚的理论和实践基础。

基础研究。1961年留学归国后，他将研究重心转至天然产物化学，完成了灰黄霉素的全合成、莲心碱绝对构型的确定及全合成、甘草查尔酮的结构确定及全合成等。谢毓元先生几乎没有休息日，每天痴迷于他的研究。在甘草查尔酮结构鉴定中，他曾连续奋战36个小时，只为确定一个羟基的位置。天然产物全合成所取得的突破性研究成果，让谢毓元先生越发体会到文献调研的重要性。"我做任何工作都是先从调查研究入手，所有想要解决的问题都尽量从文献里面找到解决的方法。"谢毓元先生曾如此说。熟练运用英、德、俄、日四门外语进行文献调研，严格按照实验流程操作，锲而不舍地验证自己的创新想法，谢毓元先生对天然产物全合成研究饱含深情。其中，莲心碱及甘草查尔酮的研究作为"中草药活性成分的研究——十二种新有效成分的发现"成果的组成部分，获1982年国家自然科学二等奖。

军工任务。1966年，谢毓元先生在短时间内承接了三项军工任务，从事放射性核素促排药物的研发。人员少、任务

重,如何在较短的时间内快速完成上级指派的任务,谢先生脑海中有了个"大胆"的计划——"一石三鸟",即找到一个化合物将三个核素的促排问题同时解决,"毕其功于一役"。他首创的放射性核素钚-289、钍-234、锆-95促排药物"喹胺酸",于1980年获国防技术重大成果三等奖。他还实现了价格昂贵的帕金森病治疗药物左旋多巴的国产化,该药被纳入1977年版《中华人民共和国药典》。他的另一个首创放射性核素锶-90促排药物"酰膦钙钠",于1983年被卫生部授予甲级成果奖(一等奖)。

拓展领域。国家科研任务又发生改变之后,谢毓元先生开始进行多方面尝试,着力将螯合剂研究应用于民用,先后进行了放射性核燃料铀的促排药物、抗骨质疏松药物、抗肿瘤药物研究,均有很好的发现,发明的"双酚氨酸"至今仍是放射性铀促排效果最好的化合物之一。

20世纪80年代中期,谢毓元先生完成了新的高效植物生长激素"表-油菜素内酯"(天丰素)的合成工艺探索,最终实现规模化生产,1995年产值达到一千万元,对农作物产能与免疫力提高意义重大,为"科技兴农"作出了突出贡献。

科研工作的累累硕果,验证了谢毓元先生"为学之道,贵在勤奋;刻苦钻研,持之以恒;戒骄戒躁,求博求深;锲而不舍,终能有成"的座右铭。

身为所长,他敢于担当作为、勇于开拓布局。1984年任药物所第三任所长期间,他大力开展国际合作,推进新药研发及科研基本设施建设,打开了药物所发展的新局面。卸任所长后,他再挑重担,主持"新药研究国家重点实验室"的筹建工作。

身为导师,他甘为人梯、奖掖后学,非常重视人才培养。他言传身教,一直坚持亲手做化学实验,常以自己科研工作成功和挫折的经验,教诲和鼓励青年学子,帮助他们走好科研道路的第一程。

在入党志愿书中,谢毓元深情地写道:"我随时准备响应党的号召,党要我做什么工作,我就做什么工作。"他曾说:"人生最大的快乐,在于自己辛勤工作,能真正造福社会,为社会所承认,可以扪心自问,觉得没有虚度此生。"这是他一生爱党爱国、赤诚奉献、淡泊名利的科学家精神的生动写照。

谢毓元先生药海求索、毕生奋斗,树立了以国家需求为己任和科学报国为人民的光辉典范,将激励一代又一代药物所人和科技工作者为我国新药创制等科技事业发展上下求索、砥砺前行！

今年是上海药物所建所 90 周年。良药初心九十载，创新为民新征程。1932 年，赵承嘏创始所长在北平成立了国立北平研究院药物研究所。从此，药物所肩负起"寻找治疗疾病的新药，为人民解除病痛"的使命担当。回望历史，思索文化精髓，从赵承嘏先生到高怡生先生，再到谢毓元先生，一代又一代的科学家，坚持着"为民做药的办所宗旨、执着坚韧的科学精神、融合协作的科研氛围、自强不息的品格风骨"，这种新药精神累积沉淀在理想、信念中，渗透于科研生活的实践中，润化在药物所人的气质和意识中，成为全体药物所人坚守的价值观，也是我辈后学需要传承和发扬的文化传统。

习近平总书记指出："科学成就离不开精神支撑。科学家精神是科技工作者在长期科学实践中积累的宝贵精神财富。"全体药物所人将进一步学习、传承和弘扬谢毓元先生等老一辈科学家精神，时刻牢记作为"国家队""国家人"，心系"国家事"，肩扛"国家责"，践行科技报国初心，躬耕新药创制使命，以实际行动和优异成绩迎接党的二十大胜利召开！

中国科学院上海药物研究所药化党总支、药化二支部书记，研究员

杨春皓：

尊敬的各位嘉宾、各位媒体朋友：

大家好！

首先感谢苏州市名人馆和上海药物所精心策划和举办"寻元化新——中国科学院院士谢毓元"这样一个专题展览。作为谢毓元先生的学生，能出席此次展览的媒体见面会，我非常高兴。我在 2000 年 8 月进入药物所攻读谢毓元先生的博士，2003 年毕业后留所工作至今，和谢先生相处达 21 年之久，可以说是情同父子。在这 21 年当中，我有幸经常聆听他的教诲，学

到了很多做人、做事、做学问的道理。我感觉，和谢先生相处越久，便会越发地从心底里尊敬他和亲近他，不仅因为他是取得卓越成就的科学家，是我在药学领域的领路人，更因为他的人格魅力，他能时刻给人以温暖和力量。

平易近人。 我第一次去拜访谢先生是在 1999 年的秋天，想报考他的博士研究生。我没有准备任何礼物，去的时候非常拘谨和惴惴不安，因为我没有任何药学的基础，再加上我硕士期间主要从事偶氮显色剂的研究，做过的有机反应比较单一，实验训练偏少。他的办公室光线非常昏暗，空间也很狭小，只有一张办公桌、一张沙发和一个书橱。看到我以后，他将我引到外间实验台旁边的小书桌那儿，与我并排坐下来，说："你半年前给我写的信我收到了。你没有做过多少实验，实验基础差一点，这不要紧，以后只要多动手练习就可以。"他的话让我一下就放松下来。当时给我留下深刻印象的，一是他办公室的简陋，二是他的记忆力。尤其令我感动的是他平易近人，一点没有大科学家的架子。正因为他的话，我才鼓起勇气报考药物所。

另外一件事也给我留下了极深刻的印象。在我博士二年级的时候，我的师弟查到一篇俄文文献，因为先生精通俄文，所以去请先生翻译。当时先生的办公室在二楼，我们的实验室在三楼，师弟前脚送下去，刚刚回到三楼，先生随后就气喘吁吁地到三楼实验室找师弟，将翻译的东西交给他。他翻译得如此之快，有些令人出乎意料。让我们更为感动的是，他其实完全可以叫一个学生送过来，或者打一个电话，但他一个快八十岁的人亲自爬楼送了上来（我们的老实验室是没有电梯的）。后来我们了解到，这是谢先生的秉性，如果他让别人送，就是麻烦了别人。

宽以待人。 我知道在今天的中国，许多研究组是有严格的作息时间的，而我们组一直比较宽松。在我们所东迁张江园区之前，谢先生在早晨经常比学生更早到达实验室，但他不会批评晚到的学生。他认为研究生完成课题是研究生自己的事，只要他自己安排好即可，而且有的学生就是喜欢晚上做实验。

另外，研究生也可以根据课题组的方向自己选题。我进组时，课题组的重点研究方向是抗骨质疏松药物研究。我的博士课题——选择性雌激素受体调节剂的设计与合成，就是我自己选定的。记得第一次汇报课题进展时，谢先生指着我合成的化合物结构说："你这个不像雌激素受体调节剂啊。做的化合物不像药，没有类药性。"这真是一语中的。虽然语气平和，并不严厉，也没有过多的批评，但他的话如醍醐灌顶，促使我进一步去翻阅文献，探究这类药物的构效关系，在化合物设计过程中将类药性作为考虑的重要方面。直到今天，类药性依旧是课题组设计化合物时首要考虑的问题，包括溶解度、代谢性质、避免潜在的毒性基因等。

我还多次听到他说过这样的话："这些研究生很不容易，尤其是结了婚、有了孩子的，拖家带口的。"他就是这样经常为他人着想。

科研上的"三严作风"。如果你以为谢先生是没有原则的好好先生，那你就大错特错了。很多人知道，谢先生在科研上对学生和职工要求很严，提倡并力行"三严"作风，就是"严肃、严格、严谨"。工作作风要严肃，上班时间该做实验做实验，不乱讲话，不做自己的私事；严格就是一切实验按照操作规程来，这也是化学实验安全的要求；严谨就是实验记录要完整详细，结果要有依据，能够重复。关于严谨我举一个例子。每年毕业季的时候，他

的办公桌上经常堆着半人高需要评阅的论文。他评阅论文的特点一是快，一目十行；二是细，从错别字、遣词造句，到图谱文献，先生一一核对。评阅完的论文里常常夹了很多写批注的白色纸条，甚至连参考文献中极细小的日文拼写错误都被指出来。先生的严谨、细心和博学给我们这些学生留下了极深的印象。

热爱生活，多姿多彩。谢先生非常热爱生活，爱好和兴趣很多。先生喜欢美食。课题组聚餐的时候，我们每年给他过生日的时候，玫瑰腐乳肉、蜜汁火方和樟茶鸭是每次必点的菜。他点餐时还会细心地为吃辣的同学点上一两道菜。谢先生喜欢京剧，在所里举办的联欢会或团拜会上经常唱上一段。他还喜欢在网上打桥牌。他退休后，每当我去浦西拜访他，他基本上都在打牌，还会抱怨对方水平太差。他也喜欢与学生同事打八十分，对输赢很较真。他还喜欢看篮球、足球，对 NBA 和足球的热爱丝毫不亚于年轻人。

高山仰止。"高山仰止，景行行止。虽不能至，然心向往之。"谢先生天资聪颖，学贯中西，精通四门外语，这些是很多普通人，包括我们这些学生无法企及的。

但我想，我们首先可以学习的是他大气谦和的处世态度、他的家国情怀和担当精神。他一生所从事的学习和工作更多的是从国家的需要出发而不是个人兴趣。他将极度的责任感转化为攻坚克难的动力，从而在药学领域不停地攀上高峰。

其次是他对科研锲而不舍、迎难而上的精神。当年化学实验室缺乏通风设备，他在合成二巯基丁二酸时为了躲避巯基化合物的恶臭，只好搬到顶层露天的阳台上去做实验，即使在这样恶劣的条件下依然取得了举世瞩目的成就。

再就是独立思考的精神，不迷信权威。谢先生当年就因为不迷信导师，被导师称赞"有一双幸福的手"。我们只有不迷信权威，才能取得自己的原创成果。

然后就是要传承他的科学事业，将之发扬光大。我们依然在骨质疏松药物领域做一些新靶点或新机制的探索，也有了一定突破。肿瘤药物研究课题组之前也有一

定基础，目前我们有三个候选药物，其中两个已在二期临床，另一个因为疫情有点耽搁，很快可以申报临床。无论是在研究骨质疏松药物还是抗肿瘤药物时，我们始终牢记先生的"学以致用，创制新药"的理念。

谢先生非常注重成果的转化应用：无论是早期的阿托品、后马托品、普鲁卡因的合成，还是在研制医用螯合剂过程中用到的 L-多巴的提取，以及表-油菜内酯的合成，双膦酸 HEDP 作为除垢剂的使用等。我想，这一点在今天对我们这些科研人员尤其重要。我们不光要出高水平的论文，还要将科研论文写在祖国大地上。

新药之路漫漫，希望有更多的人加入到药物研究中来。我们将"新药无坦途，瓶罐有真味"作为口号，希望能用真正的新药研发交上一份满意的答卷，实现谢先生的意愿。最后希望此次展览圆满成功。

国药集团中国医药工业研究总院研究员、药物化学专业博导、苏州中学上海校友会秘书长

张庆文：

尊敬的各位领导、嘉宾：

　　大家好！今天非常荣幸能够参加"寻元化新——中国科学院院士谢毓元"展览媒体见面会。谢毓元院士是我国著名的药物化学家和有机化学家，也是我们苏州中学的著名校友。我非常荣幸和谢毓元学长有过直接的交流。那一年重阳节敬老活动，我们去拜访他。他当时在中山医院疗养，已是95岁高龄。我们见面时，谢院士插着一个鼻饲管，但是在其他方面，就是一个精神矍铄的老人，思维还很敏捷。谢院士给我们讲述他的家世以及一路的求学经历，娓娓道来。谢院士的兴趣爱好非常广泛，非常热爱生活。当时他的床头还放着一个 iPad，就是专门用来看 NBA 篮球比赛的。

　　我也学药物化学。谢院士研究的二巯基丁二酸对砷、铅、铜等重金属中毒后的解毒有极好的效果，还被美国食品药品监督管理局正式批准作为小儿铅中毒治疗药物，并成为第一个被国外仿制的中国新药，所以我询问了谢院士研制二巯基丁二酸的心路历程。谢院士微笑一下，非常谦虚地说："我那是歪打正着，当时在做抗血吸虫病的研究，后来发现这个研究对于重金属的解毒有着明显的治疗效果。"当讲到在1992年河南省财务税务高等专科学校发生的砒霜投毒案中，中毒的700多名学生后期没有出现任何后遗症时，我明显感觉到谢院士发自内心的自豪。这也是药物化学对社会作出的贡献。

　　这次苏州市名人馆和中国科学院上海药物研究所一起举办的谢院士的展览非常有意义，因为我们知道，苏州被称为"院士之乡"和"状元之乡"。为什么是苏州？我想有以下几点原因：一、苏州是江南鱼米之乡，这打下了坚实的物质基础；二、苏州人历来抱有很重的家国情怀，受中国传统文化的影响很多，同时又非常重视教育，范仲淹在苏州开官办府学之先河；三、因为苏州深受吴文化的滋养，所以历史上出现很多培养出多位名人的大家族，例如这次的谢家、之前院士展的主人公之一——顾诵芬院士所在的顾家等。在当前激烈的城市竞争之中，人才资源流动加快，趋同性更加明显，如何把我们的吴文化、吴语更好地传承下去，更值得我们每一个人深思。

谢谢大家！

苏州大学材料与化学化工学部副主任，有机化学教授、博士生导师

姚英明：

尊敬的各位领导、嘉宾：

非常高兴能参加本次苏州市名人馆主办的座谈会。谢院士是我非常敬仰的药物化学大家，我是参加工作之后对谢院士有了一些了解。谢院士在东吴大学化工系求学过一段时间，也算是东吴大学的优秀校友。大家都知道东吴大学是苏州大学的前身，1952年院系调整为江苏师范学院，到20世纪80年代改为苏州大学，从一所纯粹的师范大学向综合类大学转型。当时我所在的是化工学院，除了化学师范

在当时有一定的地位外，其他学科的基础是很薄弱的，所以当时化工学院的发展得到了谢院士的帮助和支持。我记得在 1993 年，江苏省开始建设首批重点实验室。化工学院积极联系谢院士来支持、指导我们筹建重点实验室，后来成立了江苏省第一个有机化学重点实验室，又在谢院士等科学家的支持下有了第一个有机化学博士点，这也是苏州大学最早的几个博士点之一。重点实验室和博士点的建立，为之后化工学院的发展打下了非常好的基础。

通过参加今天的座谈会，我对谢院士的成绩与贡献有了更多的认识。老一辈科学家浓厚的家国情怀、严谨的学术作风，都值得后辈去学习。今天有很多小朋友在参观展览，谢院士的这种精神可以一辈辈传承下去。最后祝愿"寻元化新——中国科学院院士谢毓元"展览获得圆满成功。

谢谢大家！

江苏省苏州中学原副校长、校史研究室主任

丁云衍：

尊敬的各位领导、嘉宾：

很高兴能参加本次的媒体见面会。刚才听到谢院士的家人和同事精彩的发言，我个人对谢院士有了更深入的了解。十年前，我和谢院士有过一面之缘。当时是我第一次参加在华东师范大学举办的上海苏州中学校委会改选，很多苏州中学的校友也去参加。我偶然在墙角发现两位老人，就走过去打招呼。那时谢院士用苏州话跟我打了招呼，让我倍感亲切。

苏州市名人馆和苏州中学之间的联

系也很频繁。苏州市名人馆已经策划过几个院士展览，包括上一个潘镜芙院士的展览和这次谢毓元院士的展览，这两位院士都曾就读于苏州中学。很巧的是，我都能够在浩瀚的校史资料里找到他们当时念书的相关资料，这是上天眷顾。因为我们的中小学资料大部分都散佚了，还有一些交给了档案馆，能在仅剩不多的资料里找到谢院士当时读书时的成绩单，这是冥冥中自有天意，让我非常激动。

谢院士是 1940 年高中毕业，但是家藏的毕业证书却是 1947 年颁发的。后来我查找资料，才发现这其中还有一段故事。抗日战争爆发以后，苏州沦陷，苏州中学师生誓死不当亡国奴，全校搬迁到上海租借区，创办上海苏州中学沪校。当

时，伪政权要求颁发印有伪政权标志的毕业证书，不能再颁发印有孙中山像的毕业证书。沪校校长和学生很有志气，相信抗战必定胜利，于是学校暂不颁发毕业证书，等到胜利以后补发，所以当时学生毕业的时候都是拿着一张"白条"。等到 1945 年抗战胜利以后，之前毕业的学生拿着白条到苏州中学换取他们的毕业证书，这成为一段佳话。

苏州市名人馆能成功举办这几次院士展览，除了工作人员认真负责、一丝不苟的工作态度以外，还离不开亲友在背后的默默支持，让我们能够去弘扬他们的光辉事迹，感悟院士前辈的高尚情操。

谢谢大家！

张丽君（苏州市大儒实验小学校原校长）：

尊敬的各位领导、嘉宾：

大家好！今天非常荣幸能够代表苏州市大儒实验小学校的全体师生来参加"寻元化新——中国科学院院士谢毓元"展览媒体见面会，也让我们有机会近距离走近校友谢毓元院士。

在百年峥嵘岁月中，我们大儒培养出了一批批人才，其中谢毓元院士就是大儒毕业的杰出校友之一。1929年起，谢毓元院士先后在苏州萋葭小学、私立明德小学、县立大儒小学（均为今苏州市大儒实验小学校前身）就读。谢院士读小学的时候就特别勤奋刻苦，熟读古文经典，酷爱文史，文学造诣深厚。谢院士毕其一生，从青丝到华发，始终不忘科学报国之初心。他科研工作的累累硕果，验证了他"为学之道，贵在勤奋；刻苦钻研，持之以恒；戒骄戒躁，求博求深；锲而不舍，终能有成"的座右铭。他的"梦想"已经化为大儒师生的血脉，激励着我们继续前行。为国育才，为党育人，不忘初心，牢记使命。

今年9月，大儒在平江新城的校区即将启用。为了纪念谢院士，也为了让新一代的学生更好地传承谢院士刻苦钻研、拼搏向上的科学探索精神，学校的科学课程基地就以"毓元工坊"来命名。在传承和创新的交汇点上，大儒人将赓续"毓元"精神，孕育新一代的强国少年，也愿新的一代少年续写谢院士未写完的诗篇……

谢谢大家！

孙中旺（苏州图书馆古籍部主任）：

各位领导、各位嘉宾：

　　大家下午好！很荣幸参加今天的活动。1998 年 4 月 21 日，以谢院士为首的谢氏家族将珍藏的 207 种 2035 册古籍无偿捐赠给苏州图书馆。这批古籍内容丰富，有十三经、二十四史，也有诸子百家、文人文集，可以说经史子集无所不包。在版本方面，有刻本、套印本，有活字，有石印本，可以说形式多样。这批古籍丰富了我们的馆藏，二十多年来，为广大读者提供了丰富的精神食粮，必将传之久远。由于当时我还没有到图书馆工作，没能目睹捐赠的盛况，但 2006 年 3 月 22 日下午，谢毓元院士来苏州图书馆看书，我有幸陪同。当时谢先生已经八十多岁了，德高望重，但为人十分亲切、谦和，像一位邻家的老爷爷，还和我们谈起他们兄弟姐妹小时候读这些书的故事，以及这些书在他们成长中的重要作用。至今已经十六年过去了，当时的情景还历历在目。

　　在此我代表图书馆，对谢毓元院士表示深切的缅怀，对谢氏家族情系家乡、化私为公的高风亮节表示诚挚的感谢。

　　祝本次展览圆满成功！

　　谢谢大家！

公共教育

无限延伸 多维立体

"谢毓元院士展"配套活动精彩不断

自7月10日开展以来,"寻元化新——中国科学院院士谢毓元"展吸引了众多热情的观众。展览展出手迹手稿、老照片、实验装置、化学仪器及模型、证书证件、古籍报刊及其他实物原件,以及成绩单、同学录等珍贵文献资料385件(组),大家在这些展品中感受谢院士躬耕科研七十载、硕果累累的科研人生,以及谢家三杰"爱国、创新、求实、奉献、协同、育人"的科学家精神。展览恰逢暑期,为了让青少年更全面深入地感受科学家精神,苏州市名人馆携手谢院士亲友、母校、专业科研机构等各方力量,策划开展一系列展览配套活动。

策展人 + 志愿者，展览讲解伴你行

本次展览特别推出两场"策展人带你看展览"活动，一个个亲子家庭跟随名人馆内容主创人员，了解到许多珍贵展品的来历和展览筹备期间的难忘经历。

志愿者讲解现场

　　展厅中的"红马甲"是名人馆的志愿者们。为了服务好本次展览，他们提前阅读了大量书籍，参加过多场专题培训，为展览讲解做足了功课，力争让观众们读懂谢院士"瓶瓶罐罐"的一生。

谢毓元二哥谢毓晋先生的长子谢家宾先生在展览现场
与学生们合影留念

在身边人的讲述中"走近院士"

开展初期，名人馆特别邀请谢毓元二
哥谢毓晋先生的长子谢家宾先生，在展厅
和学生们交流互动。谢毓元院士的女儿叶
家苏女士也应邀来到现场，回忆父亲的言
传身教，讲述谢院士刻苦学习、勤奋工作
的故事，向大家分享从父亲那里得来的学
习经验，勉励小观众们向谢院士学习，树
立报国之志。

身边人的讲述一下子拉近了孩子们
与科学家的距离。小观众们在谢院士的故
事里感受到他爱国报国的热忱、刻苦钻研
的精神、与人为善的品质，也收获了榜样
的力量。

谢毓元院士之女叶家苏女士给小观众讲父亲的故事

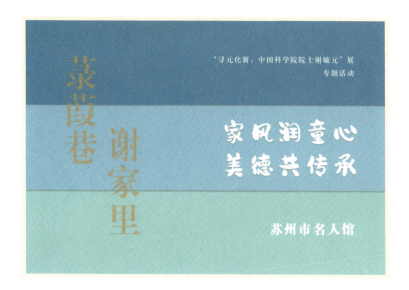

菉葭巷 谢家里

"寻元化新：中国科学院院士谢毓元"展
专题活动

家风润童心
美德共传承

苏州市名人馆

家风润童心，美德共传承

谢毓元院士能够取得如此卓著的成就，谢氏兄弟一门三杰，在家乡苏州被传为佳话，追根溯源，与从小优良的家庭教育有关。7月23日开展的第一期"家风润童心，美德共传承"专题活动，以展览中"菉葭巷 谢家里"版块为依托，通过情景演绎、诵读经典、互动问答、观看科普小视频等趣味互动，为青少年讲述谢毓晋、谢毓寿、谢毓元三兄弟的成长成才故事，带领大家一起走近谢氏家风。活动最后，同学们现场DIY化学手账本，将苏州名人的优良家风写进自己的手账里，也深深烙印在心中。一旁的家长也将通过言传身教，不断把美好的道德观念传递给孩子，培养优良品质，让他们健康成长，做一个对国家有用的人。

"家风润童心，美德共传承"专题活动现场

"吴语话名人"活动现场

苏州市大儒实验小学校的"红领巾"讲解员

联动谢院士中小学母校开展特别活动

7月31日,名人馆与谢院士的中学母校江苏省苏州中学、小学母校苏州市大儒实验小学校联合推出的展览特别活动正式与观众见面。苏州中学原副校长、校史研究室主任丁云衍先生作为"吴语话名人"活动的主讲人,从"先忧后乐"的范仲淹讲到科研报国的谢毓元,历代名人都离不开苏州源远流长的历史文化的浸润和熏陶。听完故事,大儒实小的"红领巾"讲解员和志愿者老师在展厅接力为大家讲述谢院士的求学经历和奋斗历程。

科技文化研学之旅

8月，苏州市名人馆与中科院上海药物研究所苏州药物创新研究院联合推出了"走读苏州——苏州院士与科技创新"研学之旅。中科苏州药物研究院是由中科院上海药物所在苏州成立的药物研发及成果转化机构。同学们穿上洁白的实验服，戴上特别为他们准备的小码乳胶手套，深入科研场所，参观了动物、药化、分析、制剂、体外等各个实验室，了解到新药研发从有机化合物到药剂药片的全过程。大家还在专业研究人员的指导下，动手开展趣味实验，了解化学相关原理知识，在实践中探索科学乐趣。通过这次研学之旅，同学们深切感受到科学研究的不易，科学家们严谨治学、勇攀高峰的精神将指引他们努力成为闪闪发光的人。

同学们深入科研场所、动手做实验